浙江省哲学社会科学重点研究基地"现代职业教育研"项目"高职学生职业技能与职业精神融合培养的机制与路径研究"（项目编号：15JDZJ01YB）研究成果

本书受金华职业技术学院专著出版基金、金华职业技术学院师资引进和培养经费以及浙江师范大学博士后科研启动费资助

职业院校技能人才培养要素研究

何应林 ◎ 著

西南交通大学出版社
·成都·

图书在版编目（CIP）数据

职业院校技能人才培养要素研究 / 何应林著. —成都：西南交通大学出版社，2017.10
ISBN 978-7-5643-5825-9

Ⅰ. ①职… Ⅱ. ①何… Ⅲ. ①高等职业教育 – 人才培养 – 研究 Ⅳ. ①G718.5

中国版本图书馆 CIP 数据核字（2017）第 251470 号

职业院校技能人才培养要素研究	何应林 著	责任编辑　罗在伟 封面设计　严春艳

印张	14.75　字数　229 千	出版发行	西南交通大学出版社
成品尺寸	170 mm × 230 mm	网址	http://www.xnjdcbs.com
版次	2017 年 10 月第 1 版	地址	四川省成都市二环路北一段 111 号 西南交通大学创新大厦 21 楼
印次	2017 年 10 月第 1 次	邮政编码	610031
印刷	四川森林印务有限责任公司	发行部电话	028-87600564　028-87600533
书号	ISBN 978-7-5643-5825-9	定价	68.00 元

图书如有印装质量问题　本社负责退换
版权所有　盗版必究　举报电话：028-87600562

前言

技能人才是面向生产、建设、管理、服务等一线岗位的，具有一定的理论知识、比较丰富的实践经验、较强的动手操作能力、良好的职业道德和一定的创新能力的人，他们是联系产品研发和生产的纽带，是经济社会发展的重要依靠力量。技能人才问题涉及培养、选拔、评价、使用、激励、交流和保障等七个环节的诸多问题，"培养"是其中一个重要环节，是作为技能人才培养主体之一的职业院校的重要使命。技能人才培养是一个系统的、复杂的问题，要想正确认识它，进而将其付诸实践，"还原"是一种常用的方法。人们将"技能人才培养"这一高层次的系统还原为"技能人才培养要素"这一低层次的系统，然后对各个要素分别加以研究。当然，最后还需要对各要素进行整合，以形成对技能人才培养的完整认识。

接触技能人才培养问题10余年来，我基本上是循着"还原"的思路，对技能人才的概念、特征，技能形成影响因素，技能人才培养思想、模式与策略，以及技能人才培养条件等职业院校技能人才培养要素进行了研究。本书以这些要素为线索，将主要内容分成如下四个部分：

第一部分，技能人才概念与特征研究。该部分对高技能人才概念的内涵、外延、发展轨迹和趋势进行了比较全面的分析与思考，并以技工学校学生为对象，对技能人才的人格特征进行了初步的研究。

第二部分，技能形成影响因素研究。该部分对影响技能人才技能形成的因素进行了比较全面的归类研究，将其归纳为学习条件、学习模式和学习策略三类，并阐述了它们的内涵及对技能形成影响的规律。学习条件分为内部条件和外部条件两类，内部条件包括生理成熟水平、智力水平、人格特征、知识经验与理论以及动机，外部条件包括讲解与示范、反馈；学习模式是指合作式操作技能教学模式；学习策略有练习和反思两种。

第三部分，技能人才培养思想、模式与策略研究。技能人才培养思想方面，该部分对能力本位职业教育思想、工学结合职业教育思想和终身职业教育思想三种中华人民共和国成立以来的我国主要职业教育思想进行了研究，也对工农教育思想、左倾教育思想、教育产业化思想等三种对我国职业教育人才培养产生过一定影响的职业教育思想进行了研究。半工半读职业教育思想是工学结合职业教育思想的早期形态，该部分也对其历史发展、内涵、理论基础以及在农村职业教育实践中应用时需要注意的问题进行了分析。技能人才培养模式方面，该部分对合作式操作技能教学模式这一新的技能教学模式的理论依据、内涵、特点和实践要点等进行了比较全面的阐述。技能人才培养策略方面，该部分对"中国创造"背景下高技能人才的培养策略进行了探讨，提出在"中国创造"的初级阶段，高技能人才的培养可以大体沿用"中国制造"背景下高技能人才的培养策略，但要注意高技能人才创新能力的培养。

第四部分，技能人才培养条件研究。技能人才培养所需要的条件很多，例如，教师，课程，实训基地，等等。创业教育虽然不直接着眼于技能人才培养，但它对于培养技能人才的创新素质与创业精神、从而增强技能人才的综合职业素质具有积极的意义，因而也是技能人才培养所需要的条件之一。该部分对职业院校教师的资格标准、课程开发能力、实践能力、专业发展、心理契约管理、职业生涯发展等问题进行了研究，对职业院校校内实训基地的称谓、功能、定位、系统、模式、项目、管理、创新、成果展室建设等问题进行了分析，也对高职院校创业教育的目标定位与实践要点、学生创业失败的类型与原因、学生创业意识与创业能力的培养等问题进行了探讨。

何应林
2017 年 10 月

| 目录 |

第一部分　技能人才概念与特征研究/001

高技能人才概念研究 / 003

技工学校学生人格特征调查研究 / 011

技工学校与普通中学学生人格特征比较研究 / 017

第二部分　技能形成影响因素研究/023

影响操作技能形成因素的研究 / 025

师徒互动对动作技能形成影响的研究 / 032

练习对操作技能形成的影响及对高职技能教学的启示 / 039

操作技能形成影响因素研究及对职校技能教学的建议 / 045

第三部分　技能人才培养思想、模式与策略研究/053

中华人民共和国成立以来我国主要职业教育思想研究 / 55

我国当代职业教育思想初探 / 063

半工半读：内涵与理论基础 / 071

半工半读：农村职教的最佳选择 / 078

高职合作式操作技能教学模式探究 / 084

终身学习时代的动作技能培养途径探讨 / 092

"中国创造"背景下高技能人才培养策略初探 / 098

第四部分　技能人才培养条件研究/103

高职院校"一体化双师型"教师资格标准研究/105

职业学校教师专业化发展的自我努力/113

教师主动寻求评价与教师职业生涯发展/118

来自企业的双师型教师需防止被"同化"/122

典型国家职业教育教师课程开发能力培养的经验与借鉴/124

高职"双师型"教师课程开发能力培养情况调查研究/133

从聘任合同管理到心理契约管理
　　——民办高职院校师资管理模式的转型/143

高职校内生产型实训基地建设的实践与探索/150

高职院校校内生产性实训基地八论/157

高职校内生产性实训成果展室建设探究/166

高职院校创业教育的目标定位与实践要点/175

论创业教育热背景下高职学生创业意识的培养/182

有创业意向大学生对创业和创业教育的看法
　　——基于60份非结构型问卷的分析/189

基于创业失败案例的高职大学生创业能力培养策略研究/197

大学生创业失败的类型与原因
　　——基于创业失败案例的分析/204

参考文献/212

后　　记/227

第一部分

技能人才概念与特征研究

高技能人才概念研究

在第三届中日人才培养研讨会上，全国政协委员、中国职协会长林用三指出，我国已初步形成了全方位的高技能人才培养体系，但我们对高技能人才还有很多需要探索和研究的问题，如何界定高技能人才便首当其冲。[①]此后关于高技能人才的研究中，大多沿用前人关于高技能人才概念的阐述，鲜见对此概念的深入研究。鉴于此，我们决定对高技能人才的概念进行专门的探讨。

一、研究高技能人才概念的意义

概念是思维的起点，是人们进行判断和推理的基本要素，概念明确是正确思维的起码要求。怎样明确概念呢？从逻辑角度来说，就是要明确概念的内涵和外延。[②]因此，对高技能人才的概念进行研究，明确其内涵和外延，有助于人们正确思考、认识与处理高技能人才的培养、选拔、评价、使用、激励、交流、保障等各方面的问题，有利于迅速培养出大量高技能人才，满足我国经济社会发展的迫切需要。

二、高技能人才概念的发展轨迹

"高技能人才"是近年才出现的一个概念，但是高技能人才并非我们这个时代的产物。那么，在高技能人才产生以来的各个时期，它都有着怎样的称

---

① 林用三. 高技能人才培养是经济发展和民族振兴的重要基石[J]. 中国培训, 2003, (1): 6.
② 中国人民大学哲学系逻辑教研室. 逻辑学[M]. 北京: 中国人民大学出版社, 1996: 9.

谓？我们在李宗尧等人①研究的基础上，结合其他相关文献资料，对高技能人才产生至今其概念的发展轨迹进行了一个大致的描绘。

（一）农业社会高技能人才的概念

由于农业社会自然经济的发展，出现了手工业作坊者、个体手工业者和个体服务人员，这是农业社会的第一批技能工作者，人们称之为"艺人""匠人"或"师傅"。随着手工业和社会服务业的进一步发展，他们中间涌现出许多技能远远高出一般水平的人，人们称之为"能工巧匠"。"能工巧匠"泛指手艺精湛的技能人才，他们不仅通晓某一行当（工种）的全部操作技术，而且能做出特色产品、提供特色服务或具有绝技。他们为人类社会的经济、文化、科技的发展做出了重要贡献。华佗、鲁班、黄道婆等人就是这样的"能工巧匠"，就是中国农业社会时期的高技能人才。

（二）工业社会高技能人才的概念

中世纪工厂制度出现以来，高技能人才的概念更趋专业化和职业化。最初，人们把这类人叫做"师傅"。在大工业出现之后，"师傅"不仅要带徒弟，还要负责管理工作，它在中国明末清初时期的称谓有"技手""技佐""技士""技正"和"匠首"，在日本的称谓有"技术士"和"技能士"，在中国台湾及美国的称谓有"工艺师"和"技术师"。中华人民共和国建立之后，工业部门将高级技工、技师和高级技师称为高技能人才，餐饮行业将职级为特级和一、二、三级的人称为高技能人才。自20世纪80年代以来，中国大陆出现的关于高技能人才的概念有：高技能的人才、高技能人才、技术能手、技能大师、应用技能型高级人才、"双高"技能人才、"双高型"技能人才、高级技能型人才、高素质技能人才、高级技能人才、高级蓝领、灰领、应用型白领和银领等。其中，"高技能的人才"概念出现得较早，"高技能人才"和"高级技能人才"两个概念使用得较多，而"灰领"和"银领"是高技能人才概念的

---

① 李宗尧,等. 高级技能人才培养[M]. 北京:中国劳动社会保障出版社,2001:10-13.

最新发展,显示出了高技能人才的发展趋势和社会对高技能人才的态度变化。

(三) 知识经济社会高技能人才的概念

如今,部分发达国家已逐渐向知识经济社会迈进,而发展中国家也正在向其靠近。知识经济时代是知识爆炸的时代,以知识为基础的新兴产业迅速崛起,知识密集的高技术产业高速发展,猛烈冲击着传统产业,它迫使人们不断地学习新知识、新技能。在这样的背景下,高技能人才的概念也发生了变化。在经济发达的美国,有人提出了"知识工人"的概念,认为在各自岗位上具有快速获得信息和加速处理信息的技能,从而保证企业高效运转的工人就是"知识工人"[1],就是知识经济社会的高技能人才。而在发展中的中国,在知识经济时代即将到来的时候,高技能人才也有了一个新的称谓——灰领,这个概念的出现代表了新的历史条件下世界产业发展和劳动力发展的一种潮流,也代表了世界性职业变动的一种潮流。[2]

三、相关资料中关于高技能人才概念的阐述

(一) 辞书中关于高技能人才概念的阐述

我们查阅了大量的权威辞书,均未发现"高技能人才"这一词条。为了深入理解该概念,我们将其分解为"高"、"技能"和"人才"三个部分,试图在分别解释的基础上进行综合,从而得到关于"高技能人才"概念的大致理解。《辞海》中关于这三个部分的相关解释如下:高,"等级在上的"、"超过一般标准或程度"[3];技能,"运用知识和经验执行一定活动的方式叫技能","技能只有在实践活动中通过勤学苦练才能形成和发展"[4];人才,"有才识

---

[1] 李宗尧,等. 高级技能人才培养[M]. 北京:中国劳动社会保障出版社,2001:10-13.
[2] 陈宇. 从就业市场中灰领群体的壮大看高技能人才的最新发展[J]. 中国职业技术教育,2004,(10):15.
[3] 辞海编辑委员会. 辞海[M]. 上海:上海辞书出版社,1979:4678.
[4] 辞海编辑委员会. 辞海[M]. 上海:上海辞书出版社,1979:1533.

学问的人""德才兼备的人"①。因此,"高技能人才"概念似乎可以这样理解:所谓高技能人才,就是在实践中运用知识和经验执行活动方面超过一般水平的、有才识学问的德才兼备的人。

(二)心理学关于高技能人才概念的阐述

高技能人才无疑是一种人才,但它又是与人们通常所说的人才不同的,其不同之处主要在"技能"二字上。在著名心理学家彭聃龄教授主编的《普通心理学》中,关于"技能"的阐述为:技能是指人们通过练习而获得的动作方式和动作系统,是一种主要表现为动作执行的个体经验。它按照活动方式的不同可以分为操作技能和心智技能(智力活动)两种。操作技能的动作是由外显的机体运动来实现的,其运动的对象为物质性的客体,即物体。心智技能(智力活动)的动作,通常是借助于内在的智力操作来实现的,其动作对象为事物的信息,即观念。操作技能的形成,依赖于机体运动的反馈信息,而心智技能则是通过操作活动模式的内化才形成的。②技能具有稳定性和灵活性的特点。熟练的技能是与各种变化了的情境相适应的技能。当情境出现变化时,技能熟练的人,能灵活地运用自己的技能动作,使技能的发挥不受某种固定的动作模式的限制。而技能的灵活性是长期学习和练习的结果。③由此可见,高技能人才是指通过长期学习和练习,掌握了熟练的动作方式和动作系统,能够灵活操作各种物体和观念的人才。

(三)相关研究论文和著作中关于高技能人才概念的阐述

在中国期刊全文数据库(各刊创刊至1993年)中以"高技能人才"为关键词进行检索,仅命中1条题为《天津、大连试行中药行业高级技师评聘工作》的简讯,其中提到了"高技能的人才"概念,指的是从工人、农民和其他劳动者中选拔和培养的各种技术人才。而在中国期刊全文数据库(1994—

---

① 辞海编辑委员会. 辞海[M]. 上海:上海辞书出版社,1979:691.
② 彭聃龄. 普通心理学[M]. 2版. 北京:北京师范大学出版社,2001:391.
③ 彭聃龄. 普通心理学[M]. 2版. 北京:北京师范大学出版社,2001:475.

2005年）中以"高技能人才"为关键词分别进行模糊检索和精确检索，分别命中10199篇和1031篇。在精确检索所得的文献中，仅有一小部分对高技能人才的概念进行了明确的阐述，其中涉及的较有代表性的概念有：高技能人才、应用技能型高级人才、"双高型"技能人才、高素质技能人才、灰领和银领等。

"高技能人才"是用得最多的一个概念，但是只有少数研究者对其进行了具体阐述。高必道指出，高技能人才是技术精湛的劳动者，具体说来就是指高级技术工人和技师，他们属于技艺型、操作型人才，其职责是直接动手操作。① 丁大建认为，高技能人才是指生产和服务企业中，在生产或服务一线从事那些技术含量大、劳动复杂度高的工作的高级技术工人和技师。他们在工作中既要动脑又要动手，既要具有较高的知识层次和创新能力，又要掌握熟练的操作技能。② 中国高等教育杂志评论员认为，高技能人才是指面向生产、建设、管理、服务第一线需要的下得去、留得住、用得上，实践技能强、具有良好职业道德的技术应用型人才。③ 这些阐述虽然不尽相同，但基本上道出了高技能人才概念的内涵和外延。

方名山提出了"应用技能型高级人才"这一概念，④ 它是指商业第一线需要的技能型高级人才，是商业领域的高技能人才。范文衷提出了"'双高型'技能人才"的概念，指的是既有高等文化专业理论又有高级工操作技能的双高型技能人才，这种人才将有"创新精神和实践能力"作为特色。⑤ 王建强和杨欣鸿提出了"高素质技能人才"的概念，指的是具备高等专业知识、能熟练操作先进生产设备的技能人才。⑥ "灰领"这个概念较早见于王步贵的《21世纪的团队文化》一文，指的是在决定经营思想、研究开发、技术开发、

---

① 高必道. 高技能人才急需培养[J]. 职业技术教育，1995,（8）：9.
② 丁大建. 高技能人才的短缺与价值评价错位[J]. 中国高教研究，2004,（5）：57.
③ 本刊评论员. 解决高职教育定位问题拖不得了[J]. 中国高等教育，2004,（2）：3.
④ 方名山. 立足商业 办出高职特色为上海提供高质量商业应用技能型人才[J]. 华东经济管理，2000,（1）：90-91.
⑤ 范文衷. 宁波市高级技术学校"双高型"技能人才培养[J]. 职业技术教育，2001,（36）：38.
⑥ 王建强，杨欣鸿. 培养高素质技能人才：技校的机遇[J]. 中国培训，2001,（1）：44.

设计或市场开发等领域具有高度专门技能的人。[①]现在，掌握了丰富的现代科学知识又具有很强动手能力，能够从事技能性工作的人群正在不断发展壮大，人们用"灰领"这一概念来描述和界定这一新的、发展中的高技能群体，这是高技能人才概念的新的发展。[②]教育部部长周济在2004年年初的一次会议上为高技能人才"正名"，煞费苦心地将其称之为"应用型白领"，主张称其为"银领"。[③]"银领"也是高技能人才概念的新发展，它显示出了社会对高技能人才认识的提高和态度的变化。

就我们的视野范围而言，专门研究高技能人才的著作目前有两部，一部是李宗尧等主编的《高级技能人才培养》[④]，另一部是毕结礼主编的《高技能人才开发探索与实践》[⑤]。在《高级技能人才培养》中，提出了"高级技能人才"的概念，并对此概念进行了较为全面、深入的研究，给出了其定义：高级技能人才，是指具有必要的理论知识，掌握了现代设备，在生产和服务领域中能完成中级技能人才难以掌握的高难或关键动作，并有创新能力的高素质劳动者。这一定义为许多后来的研究者所认同和采用，但也有研究者认为"这个定义有些感性，也显得粗略"[⑥]。在《高技能人才开发探索与实践》中，对高技能人才的概念给出了一个定义，尽管表述与以前的研究中有所不同，但在对此概念内涵与外延的把握上基本相同。

四、关于高技能人才概念的思考

（一）内涵之思

概念的内涵就是反映在概念中的对象的本质属性，通常也可叫做概念的定义。[⑦]因此，研究者们给高技能人才概念所下的定义就是他们对此概念内

[①] 王步贵.21世纪的团队文化[J].兰州学刊，1995，（4）：24.
[②] 陈宇.中国高技能人才开发[J].中国培训，2005，（3）：5.
[③] 斯人.有志遑论"领"蓝白[J].中国劳动，2005，（8）：1.
[④] 李宗尧，等.高级技能人才培养[M].北京：中国劳动社会保障出版社，2001.
[⑤] 毕结礼.高技能人才开发探索与实践[M].北京：企业管理出版社，2005.
[⑥] 瞿向阳.论高职教育突出高技能人才培养的目标定位[J].职教论坛，2005，（16）：18.
[⑦] 中国人民大学哲学系逻辑教研室.逻辑学[M].北京：中国人民大学出版社，1996：10-11.

涵的认识。当然，由于认识的角度不同，可以从不同方面反映出事物不同的本质属性。综观上述关于高技能人才概念的各种阐述，高技能人才概念的内涵应该包括以下几个方面的内容：

（1）有必要的理论知识；

（2）有丰富的实践经验；

（3）有较强的动手操作能力并能够解决生产实际操作难题；

（4）有创新能力；

（5）有良好的职业道德。

其中，"必要的理论知识"是高技能人才"高技能"形成和持续发展的必备条件，"丰富的实践经验"是高技能人才"高技能"形成的关键因素，"有较强动手操作能力并能够解决生产实际操作难题"是高技能人才的特色与价值所在，"创新能力"是高技能人才达到"一专多能"素质要求和实现持续发展的基本保证，"良好的职业道德"是高技能人才服务社会、实现自身价值的前提条件。

（二）外延之思

概念的外延是指具有概念所反映的本质属性的对象类，通常称为概念的适用范围。[1]对于哪些人员属于高技能人才的范畴，目前在我国存在两种观点：一种观点认为，高技能人才主要包括取得高级工、技师、高级技师职业资格及相应职级的人员；另一种观点则认为，我国国家职业资格系列中的二级（技师）和一级（高级技师）比较符合国际上对高技能人才的划分。[2]洪伟峻认为，高技能人才属于技术工人中的精英，所占的比例很少，大体上相当于专业技术职务中的副高级、正高级职称，只有技师和高级技师才能与此匹配；高级工属于中技能人才。[3]我们比较赞同这种观点。当然，将高级工

---

[1] 中国人民大学哲学系逻辑教研室. 逻辑学[M]. 北京：中国人民大学出版社，1996：10-11.

[2] 洪伟峻. 试论我国高技能人才短缺的原因及对策[J]. 湘潭师范学院学报（社会科学版），2005，（2）：50.

[3] 洪伟峻. 试论我国高技能人才短缺的原因及对策[J]. 湘潭师范学院学报（社会科学版），2005，（2）：50.

归入高技能人才的范畴，这在当前情况下可在一定程度上缓解高技能人才短缺问题。此外，我们认为在高技能人才的划分与使用上可以根据实际情况灵活操作，不必完全拘泥于职业资格等级。例如，对那些已经达到高技能人才水平但未取得技师或高级技师职业资格的人，可以将其当作高技能人才来使用，并给予其相应的待遇；对于那些"中技能人才"，若其有充足能力处理所在单位的相关问题，可以将其作为该单位的高技能人才，并在待遇上给予适当提高。

（三）趋势之思

如前所述，到目前为止已经出现的关于高技能人才的概念为数众多甚至可能更多，而且随着经济与社会的持续发展，新的概念还会不断出现。就目前形势来看，我们认为有可能在两个方面出现新的概念：一是从职业资格方面考虑，可能会出现特级技师、首席技师、高技能专家等概念；二是从"衣领"方面考虑，可能会出现高级灰领、高级银领、应用型金领等概念。当然，无论是哪个方面可能出现的概念，反映出的都是人们对高技能人才认识水平的提高和高技能人才社会地位的提升。

（本篇撰写于 2006 年）

技工学校学生人格特征调查研究

近年来,技能型人才短缺已成为制约我国制造业和现代服务业发展的重要因素。大力发展职业技术教育,培养一大批技能型人才已成为促使国家经济持续发展的共识。在我国,技工学校是培养技能型人才的重要机构之一。由于我国劳动力市场"技工荒""高级技工荒"现象的出现,多年被冷落的技工学校开始变得火起来,技校毕业生成了企业和用工单位的"香饽饽",技校招生人数猛增。[①]

技工学校的再度"逢春"引起了人们极大的兴趣,他们对在技工学校培养技能型人才的问题开展了大量的研究。然而,研究多集中在培养和训练的方法等方面,对技能型人才的人格特征,还缺乏一定的实证研究。根据 E. G.Williamson 的特性—因素论(Trait-Factor Theory),只有能力、人格、兴趣与职业相匹配,才能极大程度地调动在职技能型人才追求技能卓越的积极性,尽快实现由新手向专家的转变。[②]因此,对技工学校学生的人格特征进行调查研究,对于技工学校技能型人才的培养具有指导意义,对其他机构认识、选拔和培养技能型人才也具有参考价值。

一、研究方法

本研究采用美国 R.D 卡特尔编制的 16PF 问卷作为测量工具。其特点是:
(1)此人格量表有 16 种相对独立的特质构成:乐群性(A)、聪慧性(B)、稳定性(C)、恃强性(E)、兴奋性(F)、有恒性(G)、敢为性(H)、敏感

[①] 佚名. 实用型人才受宠 技校生成了"香饽饽"[N]. 河北日报,2005-1-11.
[②] 卢荣远,等. 职业心理与职业指导[M]. 北京:人民教育出版社,1996:23.

性（I）、怀疑性（L）、幻想性（M）、世故性（N）、忧虑性（O）、实验性（Q_1）、独立性（Q_2）、自律性（Q_3）、紧张性（Q_4）。它能用简单的数字或图示直观地评价各种人格的特点。

（2）依据大量的实验数据和理论模型，提出一些经验推算公式以描述人格的次级因素类型：适应与焦虑型（X_1）、外向与内向型（X_2）、感性用事与机警型（X_3）、怯懦与果断型（X_4）。

（3）在实际应用中能做出许多预测，如心理健康因素（Y_1）、专业成就因素（Y_2）、创造能力因素（Y_3）、环境适应因素（Y_4）。

本研究参照辽宁省教科所、华东师范大学修订的手册和常模作为参照点。被试为从天津、河南、安徽和海南等省市的6所技工学校随机抽取的学生。发放问卷90份，回收64份，问卷回收率71.1%。其中，有效问卷62份。

数据管理和分析采用SPSS11.5软件包。

二、结果与分析

（一）人格特征描述

将技工学校学生在各因素上所得的原始分转换成标准分，计算出各因素的平均数（M）、标准差（SD）和众数（$mode$），然后考察数据的分布趋势。具体情况见表1。

表1 技工学校学生人格因素结果（$N=62$）

人格特征	M	SD	mode
乐群性	4.61	1.359	5
聪慧性	5.24	1.399	6
稳定性	5.50	1.790	5
恃强性	4.39	1.453	4
兴奋性	4.97	1.280	5
有恒性	6.15	1.252	6
敢为性	5.48	1.067	6

续表

人格特征	M	SD	mode
敏感性	3.98	1.349	3
怀疑性	4.92	1.633	5
幻想性	4.94	1.424	5
世故性	3.81	1.513	3
忧虑性	5.89	1.427	6
实验性	4.37	1.550	5
独立性	5.24	1.626	6
自律性	6.27	1.308	7
紧张性	5.31	1.543	6

表1中，均值高于5分的由高向低排列依次为自律性、有恒性、忧虑性、稳定性、独立性和聪慧性因素，众数高于6分的集中在自律性；均值低于5分的，由低向高排列依次为世故性、敏感性、恃强性、乐群性、怀疑性和幻想性因素，众数低于4分的集中在敏感性和世故性。

为进一步考察技工学校学生的人格特征，将16个因素中高于6分的因子与其他因子进行配对T检验，结果见表2。

表2 技工学校学生16PF高分因子与其他因子比较结果

	A	B	C	E	F	H	I	L	M	N	Q1	Q2	Q4
自律性(t)	6.8***	4.0***	3.0**	8.4***	5.9***	4.2***	9.5***	4.7***	5.7***	10.7***	8.3***	4.8***	3.3**

注：*$p<0.05$　**$P<0.01$　***$P<0.001$；表中仅列举自律性与16PF因子差异显著的。

综上结果，技工学校学生的人格特征表现为做事自律谨严、遵守规则、踏实认真、尽职尽责，也表现出一定程度的情绪稳定，能面对现实。

（二）次级人格因素之差异

次级人格因素包括双重个性因素和应用因子，本研究采用华东师范大学、辽宁教科所的材料,对次级人格因素予以计算。

1. 双重个性因素

技工学校学生双重个性因素包括适应与焦虑、内向与外向、感情用事与机警安详以及怯懦与果断。对被试相对两极的个性因素进行预测,能整体上确定被试的人格类型,具体情况见表3。

表3 技工学校学生双重个性因素结果

个性因素	M	SD	$mode$
X_1(适应与焦虑)	5.21	1.527	5
X_2(内向与外向)	4.87	1.476	5
X_3(感情用事与机警安详)	6.35	1.256	6
X_4(怯懦与果断)	4.55	1.351	5

学生感情用事与机警安详均值高于5分,众数集中在6分,说明他们常会忽视生活上的细微关系,对事物的明显变化注意,行动迅速。学生内向与外向分数较低,均值低于5分,说明他们性格多偏向于内向。怯懦与果断的均值低于5分,说明技校学生个性多偏向于怯懦。

2. 应用因子

技工学校学生应用因子包括心理健康、专业成就、创造能力和环境适应能力,它能预测被试的心理状况和未来发展,具体情况见表4。

表4 技工学校学生应用因子的结果

因子项目	M	SD	$mode$
Y_1(心理健康)	21.26	4.598	20
Y_2(专业成就)	53.71	7.740	50
Y_3(创造能力)	80.15	6.272	79
Y_4(环境适应)	23.68	2.623	23

根据心理健康标准介于4~40分、均值为22分这一标准,技工学校学生心理健康略低于一般水平。

专业而有成就者的总分介于 11~100 分，平均分为 55 分。技工学校学生均值为 53.71 分，说明技工学校学生低于一般水平。

创造能力总分介于 0~100 分，标准分 70 分以上者属于创造力强者。技工学校学生均值为 80.15，结果说明技校学生具有的创造能力高于一般水平。

环境适应能力的人格因素总分介于 4~40，均值 22 分，这说明技工学校学生在新环境中的适应能力高于一般水平。

三、讨 论

本研究得出技工学校学生 16PF 人格特征中，自律性与 16PF 因子差异显著。说明技工学校学生的人格特征表现为做事自律谨严、遵守规则、踏实认真、尽职尽责。教育心理学关于技能形成的研究指出，技能是通过练习形成的自动化，持之以恒的反复练习才能达到熟练；个体在高原期能克服自己的消极心理，对于促进动作技能水平的继续提高具有十分重要的作用。[①]这两点都强调持之以恒、自我约束和控制的个性对技能形成的重要，说明实证研究的结论支持了理论的研究。

B.Ogilive 与 T.Tutko 在 1967 年的研究表明，与出色完成竞赛活动有关的个性中，强调控制力以及对刺激的抵抗力等，[②]这些强调技能型人才的自律性。本研究的结果也显示出操作型人才具有显著的自律性的人格特征。

次级人格因素研究表明，技工学校学生感情用事与机警安详得分相对较高。具有这种人格特征，是因为技工学校学生操作技能水平的提高，需要对自己的活动保持一定的警觉，一是约束自己可能受到外界的干扰而产生的分心现象，注意力停留在多练习上；二是技校学生学习的是开放性技能，需要跟踪外界环境的变化，只有这样才能保证学习过程的有效和安全。技校学生心理健康水平低、怯懦内向性格占多数，这可能与技校生的构成背景有关。技校生一般是由中学阶段学业成绩困难，经常受到老师批评的学生组成，这

---

① 邵瑞珍. 学与教的心理学[M]. 上海：华东师范大学出版社，1990：147-149.
② 邵瑞珍. 学与教的心理学[M]. 上海：华东师范大学出版社，1990：144.

种经历影响了他们身心的健康发展。

技校学习相对于普通高中，学习压力小，专业学习宽松，满足了他们求新、求变化的天性，他们远离了中学升学压力的禁锢，潜在的创造力和热情获得了充分的释放。所以，他们的创造力、对周围环境的适应能力超过一般水平。

对新环境的适应水平高，这与他们较早独立生活有关。刘庆荣对卫校学生的 16PF 研究也获得与此相一致的结果。[①]

至于专业而有成就者，技工学校学生低于一般水平。这是因为事业成功需要一定的智力因素和多方面的非智力因素，比如自信心、明确的目标和顽强的毅力等。技工学校学生是否缺乏成功的因素，以及具体缺乏什么因素，还需以后进一步的研究。

四、结 论

在本研究范围内得出如下结论：

（1）技工学校学生具有突出的自律性人格特征，与其他 16PF 因子差异显著。

（2）技工学校学生的心理健康低于一般水平。

（3）技工学校学生的创造力和在新环境中的适应能力略高于一般水平。

（本篇撰写于 2006 年）

---

① 刘庆荣，陈丽兰. 224 名卫校学生的 16PF 测试报告[J]. 中国心理卫生杂志，1996，（Z1）：111.

技工学校与普通中学学生人格特征比较研究

随着经济建设的发展和"走新型工业化道路"治国方略的实施,我国急需大量能够从事一线生产的技能型人才。技能型人才具有什么样的人格特征,这是在选拔和培养技能型人才时首先应当考虑的一个重要问题。因此,对技工学校学生的人格特征进行调查,然后与普通中学学生的人格特征进行比较,揭示技能型人才特有的人格特征,并在培养中加以运用,对于加快技能型人才的成长速度和培养质量具有重要意义。

一、研究方法

本研究被试分两部分。技工学校学生为随机抽取的 60 名男生;普通中学学生为随机抽取的 64 名男生。[1]采用美国 R.D 卡特尔编制的 16PF 问卷作为测量工具。

研究参照辽宁省教科所、华东师范大学修订的手册和常模作为参照点。数据管理和分析采用 SPSS11.5 软件包。

二、结果和分析

将技工学校学生和普通中学学生[2]在各因素上所得的原始分转换成标准分,并计算出各因素的平均数和标准差,具体情况见表 1。

---

[1] 杨海军,凌文轻.关于中学生与成人人格因素的比较研究[J].零陵学院学报,2002,(3):46.
[2] 杨海军,凌文轻.关于中学生与成人人格因素的比较研究[J].零陵学院学报,2002,(3):47.

表 1　技工学校与普通中学学生人格比较

变量	类别	N	M	SD
乐群性	技工学校	60	4.57	1.35
	普通中学	64	5.16	1.67
聪慧性	技工学校	60	5.52	1.42
	普通中学	64	4.69	1.45
稳定性	技工学校	60	5.43	1.78
	普通中学	64	5.14	1.74
恃强性	技工学校	60	4.40	1.48
	普通中学	64	5.91	2.07
兴奋性	技工学校	60	4.97	1.29
	普通中学	64	6.20	2.13
有恒性	技工学校	60	6.17	1.24
	普通中学	64	4.62	1.66
敢为性	技工学校	60	5.45	1.03
	普通中学	64	5.42	1.82
敏感性	技工学校	60	3.95	1.35
	普通中学	64	5.58	1.80
怀疑性	技工学校	60	4.98	1.62
	普通中学	64	4.20	1.75
幻想性	技工学校	60	4.93	1.44
	普通中学	64	6.72	1.62
世故性	技工学校	60	3.75	1.48
	普通中学	64	5.03	1.69
忧虑性	技工学校	60	5.93	1.40
	普通中学	64	6.56	2.04
实验性	技工学校	60	4.38	1.53
	普通中学	64	5.88	1.67
独立性	技工学校	60	5.27	1.65
	普通中学	64	4.03	1.63
自律性	技工学校	60	6.30	1.32
	普通中学	64	5.20	1.32
紧张性	技工学校	60	5.28	1.56
	普通中学	64	6.38	1.61

结果表明，技工学校学生均值由高到低依次为自律性、有恒性、忧虑性、聪慧性、敢为性、稳定性、紧张性、独立性、怀疑性、兴奋性、幻想性、乐群性、恃强性、实验性、敏感性和世故性；普通中学学生均值由高到低的排列为幻想性、忧虑性、紧张性、兴奋性、恃强性、实验性、敏感性、敢为性、自律性、乐群性、稳定性、世故性、聪慧性、有恒性、怀疑性和独立性。前8位因素中有3对因素相同。绘成人格剖面图（见图1）发现，在聪慧性、有恒性和自律性等人格特征上，技工学校学生明显高于普通中学学生；在世故性和忧虑性等人格特征上，二者变化趋势一致。

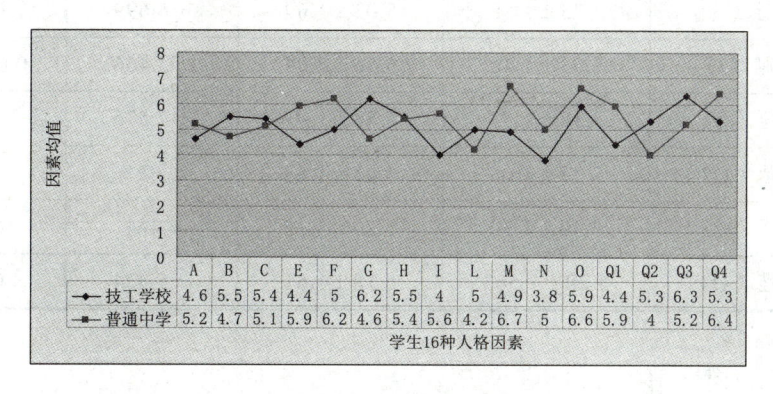

	A	B	C	E	F	G	H	I	L	M	N	O	Q1	Q2	Q3	Q4
技工学校	4.6	5.5	5.4	4.4	5	6.2	5.5	4	5	4.9	3.8	5.9	4.4	5.3	6.3	5.3
普通中学	5.2	4.7	5.1	5.9	6.2	4.6	5.4	5.4	6	4.2	6.7	5	6.6	5.9	4	5.2	6.4

图 1　技工学校与普通中学学生人格剖面图

为进一步了解两类学生的差异，对 16PF 各个人格因素进行独立样本 T 检验，结果见表 2。表中数据说明，二者在除稳定性和敢为性以外的其他人格特征上存在差异。

表 2　技工学校与普通中学学生 16PF 比较

	技工学校	普通中学	t	p
乐群性（A）	4.57±1.35	5.16±1.67	−3.417	0.001
聪慧性（B）	5.52±1.42	4.69±1.45	3.051	0.003
稳定性（C）	5.43±1.78	5.14±1.74	1.277	0.207
恃强性（E）	4.40±1.48	5.91±2.07	−7.929	0
兴奋性（F）	4.97±1.29	6.20±2.13	−7.415	0

续表

	技工学校	普通中学	t	p
有恒性（G）	6.17±1.24	4.62±1.66	9.682	0
敢为性（H）	5.45±1.03	5.42±1.82	0.225	0.823
敏感性（I）	3.95±1.35	5.58±1.80	−9.382	0
怀疑性（L）	4.98±1.62	4.20±1.75	3.744	0
幻想性（M）	4.93±1.45	6.72±1.62	−9.635	0
世故性（N）	3.75±1.48	5.03±1.69	−6.699	0
忧虑性（O）	5.93±1.40	6.56±2.04	−3.466	0.001
实验性（Q1）	4.38±1.53	5.88±1.67	−7.575	0
独立性（Q2）	5.27±1.65	4.03±1.63	5.822	0
自律性（Q3）	6.30±1.32	5.20±1.32	6.461	0
紧张性（Q4）	5.28±1.563	6.38±1.61	−5.434	0

三、讨 论

在聪慧性、有恒性和自律性等人格特征上，技工学校学生明显高于普通中学学生。这个结论说明，技工学校学生的人格特征表现为学习能力强，思考敏捷、正确；做事踏实认真，尽职尽责；自律谨严，遵守规则。叶肇芳等认为，职业学校的学生具有与普通高中的学生不同类型的智力，他们的智力强项不在语言和逻辑方面，而可能在纸笔测验无法测出的动手操作能力、人际交往能力、空间能力、自制能力等方面。[1]本研究得出的结论与此观点是一致的。教育心理学关于技能形成的研究指出，个体在高原期能克服自己的消极心理，对于促进动作技能水平的继续提高具有十分重要的作用；技能是

---

[1] 叶肇芳，李利. 多元智力理论的职业教育学意义[J]. 职业技术教育（教科版），2002，（28）：18.

通过练习形成的自动化，持之以恒的反复练习才能达到操作的熟练化。[①]这两点都强调持之以恒、自我约束和控制的人格特征对技能形成的重要，说明实证研究的结论支持了理论研究。

在世故性和忧虑性等人格特征上，技工学校学生与普通中学学生的变化趋势一致。技工学校学生与普通中学学生年龄相当，阅历、生理状况和生活环境也大致相似，因而在为人处世方面也表现出一定的相似性。

至于技工学校学生与普通中学学生在适应与焦虑、内向与外向、感情用事与机警安详、怯懦与果断、心理健康、专业成就、创造能力以及环境适应能力等次级人格因素上的差异，有待进一步研究。

四、结　论

在本研究范围内得出如下结论：

（1）在聪慧性、有恒性和自律性等人格特征上，技工学校学生明显高于普通中学学生；

（2）在世故性和忧虑性等人格特征上，技工学校学生和普通中学学生的变化趋势一致。

（本篇撰写于 2005 年）

[①] 邵瑞珍. 学与教的心理学[M]. 上海：华东师范大学出版社，1990：147-149.

第二部分

技能形成影响因素研究

影响操作技能形成因素的研究

技能人才的培养是当前和今后一定时期内我国人才建设工作的重点,其关键是实践能力的培养,特别是操作技能的培养。操作技能是指人们在实际活动中经过操纵某种装置而获得的完善化了的动作方式。理清影响操作技能形成的因素,对技能教学有着积极的指导作用,因而也对技能人才的培养具有重要的意义。

我们依据对机械类技能人才所做的访谈和问卷调查等实证研究的成果,结合操作技能形成过程的特点,对影响操作技能形成的因素进行了比较全面的归类研究,并将其归纳为学习条件、学习模式和学习策略三类。下面将详细论述这些因素的内涵及其对操作技能形成影响的规律。

一、操作技能形成影响因素一:学习条件

操作技能的形成要经历习得、保持和迁移等阶段,是一个复杂的学习过程,它与其他学习活动一样需要具备一定的条件。我们根据以前学习机械类操作技能的体验,并结合相关研究成果进行分析,认为影响操作技能形成的学习条件大致可以分为内部条件和外部条件两大类。

(一)内部学习条件及其对操作技能形成的影响

1. 生理成熟水平

操作技能是一个人完成技术性生产任务的能力,包括脑在内的全身生理解剖特点是其形成的生理基础。操作技能的形成,不仅依赖脑内神经动力特

征，还制约于肌肉装置、有关脏器的功能特性。[①]大量的研究与日常观察表明，生理成熟是学习操作技能的基础，学习者生理成熟水平越高，其操作技能学习的效果越好。[②]

2. 智力水平

在操作技能的学习过程中，技能的性质不同，则对学习者的智力水平的要求也不同。[③]在操作实践中，动作目标的确定、动作的预先规划、对多变情境的迅速判断和选择以及对操作对象的定位等都需要操作者有较高的智力水平。随着社会的迅速发展，技能人才生产实践的智能化水平不断提高，操作技能的复杂性程度和灵活性要求越来越高，而这样的操作技能其学习时的认知期往往较长，对智力水平的要求比较高。因此，操作技能的学习对智力水平的要求会越来越高。

3. 人格特征

有研究表明，良好的人格特征对操作技能的形成有着重要的影响。[④][⑤]此外，人格类型也会影响操作技能的形成。人格类型分为内向型和外向型两种，它们对操作技能的形成有着不同的影响。内向型的人易于形成精细技能和条件反射，其动作的准确性和稳定性都较高，但其动作速度慢且灵活性较低。外向型的人动作灵活性高、速度快，易于形成粗大技能，但其动作的稳定性较低。

4. 知识经验与理论

技能的学习必须运用知识，知识愈丰富，对克服技能学习的难点愈有帮助。如果只模仿别人的操作而不学习理论，技能学习就难以得到进一步的发展。而且理论可以加速技能的获得，可以免去或减少学习中的错误。

---

① 沈政，林蔗芝. 生理心理学[M]. 北京：北京大学出版社，1993：271-272.
② 莫雷. 教育心理学[M]. 广州：广东高等教育出版社，2005：268.
③ 叶奕乾，何存道，梁宁建. 普通心理学（修订版）[M]. 上海：华东师范大学出版社，1997：408-410.
④ 莫雷. 教育心理学[M]. 广州：广东高等教育出版社，2005：268-269.
⑤ 宋兴川，唐天红，何应林. 技能型人才人格特征研究[J]. 天津工程师范学院学报，2005，（2）：45-47.

5. 动　机

动机是为实现一定目的而行动的原因，是个体活动的动力和方向。具体地说，动机对人的活动具有引发、指引和激励的功能。[1]一般情况下，个体的动机水平越高，其操作技能学习的效果越好。

（二）外部学习条件及其对操作技能形成的影响

1. 讲解与示范

辛格等人的研究表明，动作技能的学习首先必须正确理解学习情境和任务性质，并由此形成一个基本判断，继而采取一定的策略。[2]讲解可以帮助学习者形成对操作技能的全面认识和意象，可以为学习者最初的尝试提供指导，可以帮助学习者学会有效识别自己错误的方法，因而对操作技能的形成具有重要影响。示范与讲解是同时进行的。教师在讲解的同时，以直接的动作表演或播放教学电影的方式进行动作示范，学习者通过观察示范动作，也可以获得相应的操作技能。有实验研究表明，示范时结合讲解，或指出错误，进行现场评价效果较好。[3]

2. 反　馈

反馈是指个体在执行一项技能之中或之后所接收到的与绩效有关的信息。学习者只有及时从自己的动作或动作结果中得到反馈信息，才能了解自己动作的正误，通过练习把正确动作巩固下来，舍弃错误动作，以提高练习的效果。许多研究者认为，反馈是仅次于练习的影响操作技能学习的重要因素。[4]当然，并不是所有操作技能的形成与发展都需要反馈。如果学习者已经拥有一个关于所要学习的技能的好的模式，那么他就可以利用这个模式来矫正自己的动作。[5]

---

[1] 叶弈乾，何存道，梁宁建. 普通心理学（修订版）[M]. 上海：华东师范大学出版社，1997：455-457.
[2] 邵瑞珍. 教育心理学[M]. 2版. 上海：上海教育出版社，1997：168.
[3] 莫雷. 教育心理学[M]. 广州：广东高等教育出版社，2005：270.
[4] 皮连生. 学与教的心理学[M]. 3版. 上海：华东师范大学出版社，2003：173.
[5] 叶弈乾，何存道，梁宁建. 普通心理学（修订版）[M]. 上海：华东师范大学出版社，1997：428-429.

二、操作技能形成影响因素二：学习模式

模式是一种科学认识手段和思维方式，是连接理论与实践的中介，不同的模式对实践的效果有着不同的影响。传统操作技能学习模式为：示范—讲解—操作练习。[1]传统的操作技能学习模式强调教师的"教"，不重视学习者的主观能动性，忽视师师、师生和生生之间的互动。合作式操作技能学习模式是运用合作学习的理论对传统操作技能学习模式进行改进而提出的，它对于克服传统模式存在的问题，增强操作技能的学习效果具有积极的作用。

（一）合作式操作技能学习模式

合作式操作技能学习模式是指以异质学习小组为基本形式，系统利用教学动态因素之间的互动促使学生在活动中经过练习而获得完善化的动作方式的一种技能学习模式。其中，"异质学习小组"是指由性别、学业成绩、能力倾向、民族等方面不同且相互之间存在一定互补性的成员组成的合作学习小组，每组优、中、差三个层面的学生都有，且中等生占多数；"教学动态因素"是指教师和学生，教师包括操作技能传授教师和与此教师就所教内容进行互动的教师，学生分为单个的学生、各个小组的学生和全班学生三种类型。

合作式操作技能学习模式包括九个环节：（1）合作设计；（2）小组理论学习；（3）理论学习的反馈与评价；（4）归纳讲解，动作示范；（5）小组操作技能练习；（6）操作技能初步测试；（7）小组更正、巩固练习；（8）操作技能最终测试；（9）学生课后巩固练习。

在这九个环节中，前八个环节由教师指导在课内进行，第九个环节和第一个环节涉及的"课前预习"由学生遵循教师课内指导在课外自主进行。学生的成绩由理论学习成绩、操作技能测试成绩和学习表现成绩三部分组成，其中操作技能测试成绩又分为初步测试成绩和最终测试成绩两个部分，后者所占比例应大于前者，具体比例有待进一步研究确定。

---

[1] 黄强，赵欣，李向东. 动觉监督早期介入对动作技能形成的影响[J]. 心理学探新，2003，(1)：42.

（二）合作式操作技能学习模式对操作技能形成的影响

合作式操作技能学习模式实质上是一种操作技能的合作学习模式。由于它系统利用了师师互动、师生互动和生生互动等多种互动，充分调动起了学习者的主观能动性，因而使得学生操作技能的学习具有较好的效果。

与传统的操作技能学习模式中的教学互动不同，合作式操作技能学习模式不再局限于师生之间的互动，而是将教学互动推延至教师与教师、学生与学生之间的互动。[1]教师与教师就所教授的内容进行互动，可以相互启发和补充，实现思维和智慧的碰撞，从而使原有观念更加科学和完善，有利于教学目标（学生获得操作技能）的达成。[2]学生与学生之间就某项共同的任务进行互动，互相学习和帮助，实现优势互补，从而有序、有效地完成小组任务（学习并获得操作技能）。[3]作为教学中的一种公认的重要互动，教师与学生之间的互动对学生知识的掌握和智力的发展等方面具有重要的影响，因而也对学生操作技能的学习具有重要影响。在师生互动过程中，双方不断解释对方所作反应，并随时采取相应对策。[4]合作式操作技能学习模式中的师生互动，包括教师与单个学生的互动、教师与小组的互动以及教师与全班的互动等三种情况。师生互动对操作技能形成的影响过程是一个多层次循环往复的过程，其关键是师、生双方的认知或情感在师生相互作用和影响过程中对影响学生操作技能形成的相关因素的影响。

三、操作技能形成影响因素三：学习策略

学习策略是指学习主体自觉地对学习活动及其因素进行宏观与微观统一的计划、评价和调控，以追求最佳学习效率的计策或谋略。[5]影响操作技能

---

[1] 王坦. 论合作学习的基本理念[J]. 教育研究，2002，（2）：68.
[2] 王坦. 论合作学习的基本理念[J]. 教育研究，2002，（2）：69.
[3] 王鉴. 合作学习的形式、实质与问题反思——关于合作学习的课堂志研究[J]. 课程·教材·教法，2004，（8）：31-34.
[4] 吴康宁. 教育社会学[M]. 北京：人民教育出版社，1998：292.
[5] 熊川武. 学习策略论[M]. 南昌：江西教育出版社，1997：42.

形成的学习策略有练习和反思。练习是一种普遍采用的策略，被认为是影响操作技能形成的最重要的因素。反思也是一种影响操作技能形成的重要学习策略，它通过作用于练习等影响操作技能形成的因素而对操作技能的形成产生影响。

（一）练习对操作技能形成的影响

从费茨和波斯纳的技能形成三阶段理论[①]可以看出，练习在技能的学习过程中起着重要的作用。我国传统的动作技能概念认为，动作技能是"在练习的基础上形成的，按某种规则或程序顺利完成身体协调任务的能力"，[②]而操作技能即为技能人才的动作技能。宋兴川等人对机械类技能型人才进行的访谈研究也表明，实践练习是影响技能形成的重要因素。[③]可见，练习是技能人才操作技能学习中的重要影响因素，对操作技能的形成有着重要的影响。

根据已有的研究成果并结合操作技能的练习与形成过程的特点，我们认为，练习的形式、练习的量和练习的组织等都对操作技能的形成有重要影响。

1. 练习的形式对操作技能形成的影响

研究发现，练习的不同形式对动作技能的学习有重要影响[④]：

（1）练习的分布对连续的和离散的动作技能有不同的影响；

（2）变式练习对动作技能的学习有重要影响；

（3）身体练习和心理练习在动作技能的学习中有着不同的影响；

（4）部分练习和整体练习对动作技能的形成有着不同的影响。操作技能是技能人才在从事生产劳动时操纵各种生产工具的一种工具动作技能，练习的不同形式对其有着同样的重要影响。因此，在操作技能学习中，应根据技能的性质和学习条件选择合适的练习方式。

---

① 皮连生. 学与教的心理学[M]. 3版. 上海：华东师范大学出版社，2003：161-173.
② 莫雷. 教育心理学[M]. 广州：广东高等教育出版社，2005：244.
③ 宋兴川，张琪，张志华. 技能形成过程影响因素研究[J]. 职业技术教育（教科版），2005，（22）：60-63.
④ 皮连生. 学与教的心理学[M]. 3版. 上海：华东师范大学出版社，2003：161-173.

2. 练习的量对操作技能形成的影响

从练习曲线可以看出，随着练习量的增加，操作技能的练习成绩逐步提高。操作技能练习的实践也表明，在一定范围内，练习得越多，操作技能的学习效果越好。因此，练习的量对操作技能的形成也有一定的影响。在学习者正确掌握动作要领的基础上，加大练习量，有利于其操作技能的掌握。

3. 练习的组织对操作技能形成的影响

操作技能学习的理论和实践都表明，操作技能是在练习中形成的。而练习的效率又受练习的目的和要求、时间分配、方法以及反馈等诸多因素的影响。因此，要使学习者迅速地获得操作技能，必须正确合理地组织练习。

（二）反思对操作技能形成的影响

反思是指主体自觉地对认知活动进行考察、分析 总结、评价、调节的过程，是认知过程中强化自我意识，进行自我监控、自我调节的主要形式。[1] 操作技能学习活动实质上也是一种认知活动，对其进行考察、分析、总结、评价和调节，不但有利于操作知识和操作技能的理解、同化和迁移，而且还有利于操作技能学习能力的提高。因此，反思对操作技能的形成具有重要的促进作用。

我们在借鉴相关研究成果的基础上提出的"反思—技能"模型可以较好地反映反思对操作技能形成影响的规律。在"反思—技能"模型中，"全面反思"环节为反思的起始环节，"总结提高"环节为反思的终了环节，它们首尾咬合，形成一个有着多元循环的闭合的反思系统。在"总结提高"环节之后，反思的结果作用于智力水平、知识经验与理论、动机、讲解与示范、反馈、合作学习、互动、练习等影响操作技能形成的因素，从而对操作技能的形成产生影响。

（本篇撰写于 2007 年）

---

[1] 林婷. 培养学生反思能力的教学实践[J]. 数学通报，2003，（7）：9.

师徒互动对动作技能形成影响的研究

互动也称相互作用，是指人与人之间的心理交互作用或行为的相互影响，是一个人的行为引起另一个人的行为或改变其价值观的过程。①它是人类社会中一种普遍存在的社会现象。作为技能教学中的两个主体，师与徒之间必然会相互作用和相互影响，这会对师徒双方产生一定的影响，从而影响到徒的动作技能的形成。

一、互动与师徒互动

（一）互动与师徒互动的内涵

互动是社会学、社会心理学、教育社会学中的一个重要概念。对一些有代表性的界定（张春兴，1989；《教育大词典》编委会，1990；章人英，1992）进行分析可以发现，互动一词的基本含义为：两个不同主体间相互的行动、行为。就此而言，互动与心理学中的交往一词有共通之处。但是，交往侧重于两个不同主体之间交流的形式和过程，不关注交流的结果；而互动强调的是两个不同主体之间通过交往达到的彼此在心理上和行为上的相互影响、相互促动。互动既离不开交往，又不限于交往，它包括交往的过程和结果。但是在通常情况下，人们并不在意这一差别，习惯于称互动为交往。②

互动有广义和狭义之分。广义的互动是指一切物质之间存在的相互作用与影响。狭义的互动是指在一定社会背景与具体情境下，人与人之间发生的

---

① 章人英. 社会学词典[M]. 上海：上海辞书出版社，1992：151.
② 刘晶波. 师幼互动行为研究——我在幼儿园里看到了什么[M]. 南京：南京师范大学出版社，2003：12-17.

各种形式、各种性质、各种程度的相互作用和影响。它既可以是人与人之相互作用和相互影响的方式和过程，也可以指在一定情景中人们通过信息交换和行为交换所导致的互相之间心理和行为上的改变，从而表现为一个包含互动主体、互动情境、互动过程和互动结果等要素的，动态和静态相结合的系统。[①]通常情况下，我们所说的互动是相对狭义的互动。

技能教学背景下的师生互动不仅有学校理论教学中的师生互动的特点，还有企业师徒制教育中师徒互动的特点。所以，本文赋予"师"和"徒"以新的含义，即师指师傅、教师，徒指徒弟、学生，并用其代替学校技能教学背景下的"师"和"生"的概念。因此，所谓师徒互动，是指师（师傅，教师）与徒（徒弟，学生）之间的相互行动、行为，是在技能教学背景下师与徒之间发生的各种形式、各种性质、各种程度的相互作用和影响。

师徒互动有许多种类。它可以是言语型的或非言语型的，可以是正式的、有组织的或非正式的、无组织的，可以是偏向情感型的或是偏向事务型的，还可以是直接的、面对面的或是借助于各种中介手段的间接的互动。在技能教学背景下，上述各种互动都有可能存在。

（二）师徒互动的模式

如前所述，本文所探讨的师徒互动中的"师"与"徒"和通常所说的"师"与"徒"有一定的区别，即"师"指师傅、教师，"徒"指徒弟、学生。就我的视野范围而言，目前[②]尚未发现师徒互动的有关模式。为了探究师徒互动对动作技能形成的影响，在此借用师生互动的有关模式作为技能教学中的师徒互动模式。

我国教育社会学家吴康宁在英国学者布莱克莱吉（Blackledge, D.）的设计基础上提出了师生互动的模式。在这个模式中，师生互动包括四个过程，即教师对互动情境的界定过程、学生对互动情境的界定过程、教师与学生的

---

① 肖宜宁. 教学互动研究[D]. 武汉：华中师范大学，2005：2.
② 指 2006 年年初。如今情况如何，未作深入研究，不得而知。

碰撞过程、教师与学生的调整过程。①

在教师对互动情境的界定过程中，教师以其学生观、教师观、知识观和教育观等观念及认识与期待为参照系而对互动情境加以界定，作出自己的互动行为选择，并构建特定的互动系统（包括互动的规范、内容及方式等），以控制学生的互动行为。

在学生对互动情境的界定过程中，学生根据自己的一般观念及对教师的认识与期待对互动情境加以界定，作出相应的互动行为选择，并形成自己所实际认可的一套互动系统。学生认可的互动系统与教师规定的互动系统之间可能是相互和谐的关系，也可能是部分重合的关系，还可能是相互冲突的关系。

在教师与学生的碰撞过程中，教师与学生都会探索并使用诸多的策略，如磋商、亲善、言语的和非言语的行为等，以使对方接受自己的互动系统。

在教师与学生的调整过程中，教师将对学生针对自己规定的互动系统及相应行为所做反应不断进行解释，逐渐形成对学生的新的经验认识，从而有可能修正自己对学生的期待或要求。同理，学生也在对教师针对自己表露的互动系统及相应行为所作反应不断进行解释，逐渐发展自己对教师的新的经验性认识，从而也可能修正自己对教师的期待或需求。

二、师徒互动对动作技能形成的影响

（一）影响动作技能形成的因素

动作技能也称运动技能或操作技能，是指由一系列外部动作所组成的系统。它主要借助于骨骼、肌肉和与之相应的神经过程实现，是通过练习和实践而逐步形成、巩固起来的。动作技能的形成受主、客观多种因素的影响，主要有动机水平、知识经验与理论、讲解与示范、练习等。②

---

① 吴康宁. 教育社会学[M]. 北京：人民教育出版社，1998：289-294.
② 叶弈乾，何存道，梁宁建. 普通心理学（修订版）[M]. 上海：华东师范大学出版社，1997：411-429.

1. 动机水平

动机是为实现一定目的而行动的原因。动机形成的必要条件有两个，即需要和诱因。其中，需要为引起动机的内在条件，诱因为引起动机的外在条件。动机在人的行为中起着十分重要的作用，是个体活动的动力和方向。具体地说，动机对人的活动具有引发、指引和激励的功能。[①]一般情况下，个体的动机水平越高，其动作技能学习的效果越好。

2. 知识经验与理论

技能的学习必须运用知识，知识愈丰富，对克服技能学习的难点愈有帮助。如果只模仿别人的操作而不学习理论，技能学习就不能得到进一步的发展。而且理论可以加速技能的获得，可以免去或减少学习中的错误。但若只学习理论而不学习操作，则很难学会任何技能，因为在这种情况下，知识和运动分析器没有建立起联系。

3. 讲解与示范

动作技能学习通常从教师的讲解开始，讲解宜简单扼要。在讲解的同时，应该有一些由教师本人或教学电影提供的示范。示范时应该把技能中的每一个动作都清楚地展示给学习者。

4. 练 习

有目的地多次执行某种动作以形成技能的过程，称为练习。它不是同一动作的机械重复，而是以改善动作方式为目的的重复。练习使人的动作从本质上发生变化，它表现为人在完成动作时心理结构的变化。

（二）师徒互动对动作技能形成的影响

根据心理学中关于技能形成的相关阐述，结合社会学和教育社会学中对互动的研究，我认为在动作技能形成过程中存在如图 1 所示的"师徒互动对

---

① 叶弈乾，何存道，梁宁建. 普通心理学（修订版）[M]. 上海：华东师范大学出版社，1997：455-457.

动作技能形成影响的模型"（以下简称"互动—技能"模型）。

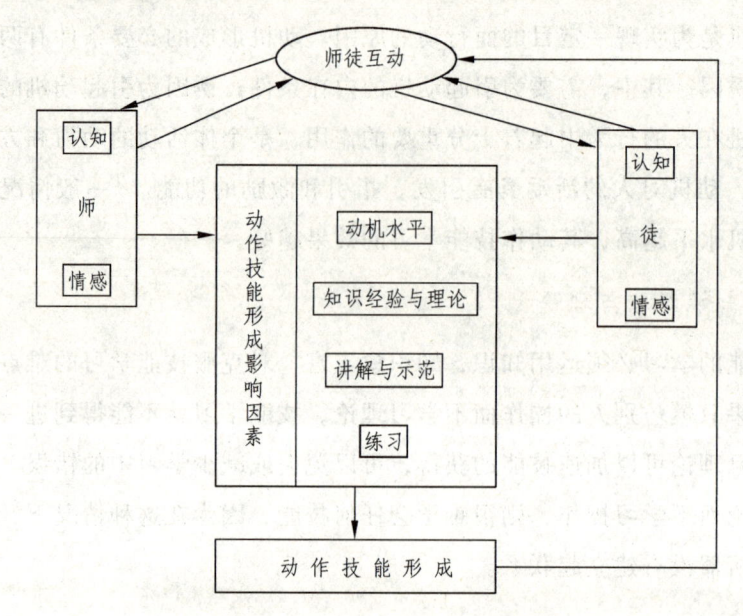

图 1 "互动—技能"模型

在"互动—技能"模型中，有三点需要特别说明：

（1）"师徒互动"环节遵循如前所述的师徒互动模式。

（2）"认知"包括智慧技能、言语信息和认知策略。[①]根据美国著名学习与教学心理学家 R.M.加涅的观点，智慧技能主要指运用概念和规则办事的能力，言语信息指能用言语（或语言）表达的知识，认知策略指运用有关人们如何学习、记忆、思维的规则支配人的学习、记忆或认知行为，并提高其学习、记忆或认知效率的能力。[②]

（3）"情感"是人对客观事物的态度的体验，是人的需要是否获得满足的反映。一般地说，需要得到满足就会引起积极的情感，需要得不到满足就会引起消极的情感。[③]

---

① 皮连生.学与教的心理学[M].3版.上海：华东师范大学出版社，2003：277.
② 皮连生.学与教的心理学[M].3版.上海：华东师范大学出版社，2003：103-105.
③ 叶弈乾，何存道，梁宁建.普通心理学（修订版）[M].上海：华东师范大学出版社，1997：336-337.

在"互动—技能"模型中,"师徒互动"与"动作技能形成"相互影响,形成一个闭环系统。其具体作用机制如下:

(1)师徒互动→徒的认知或情感→动作技能形成影响因素→动作技能形成→师徒互动

师徒互动的结果作用于徒,使其认知或情感发生变化,这又会使动作技能形成的影响因素中的一些与徒有关的因素(动机水平、知识经验与理论、练习)发生变化,进而影响其动作技能的形成。徒的动作技能形成的结果又会影响师徒之间的互动。

(2)师徒互动→师的认知或情感→动作技能形成影响因素→动作技能形成→师徒互动

师徒互动的结果作用于师,使其认知或情感发生变化,这会使动作技能形成的影响因素中的一些与师有关的因素(讲解与示范、练习)发生变化,进而影响徒的动作技能的形成。而徒的动作技能形成的结果又会影响师徒之间的互动。

(3)师徒互动→徒的认知或情感→师徒互动→师的认知或情感→动作技能形成影响因素→动作技能形成→师徒互动

师徒互动的结果作用于徒,使其认知或情感发生变化,这些变化又会引起师徒之间新的互动,互动的结果作用于师,使其认知或情感发生变化,而这会使动作技能形成的影响因素中的一些与师有关的因素(讲解与示范、练习)发生变化,进而影响徒的动作技能的形成。而徒的动作技能形成的结果又会影响师徒之间的互动。

(4)师徒互动→师的认知或情感→师徒互动→徒的认知或情感→动作技能形成影响因素→动作技能形成→师徒互动

师徒互动的结果作用于师,使其认知或情感发生变化,这些变化又会引起师徒之间新的互动,互动的结果作用于徒,使其认知或情感发生变化,这会使动作技能形成的影响因素中的一些与徒有关的因素(动机水平、知识经验与理论、练习)发生变化,进而影响徒的动作技能的形成。而徒的动作技能形成的结果又会影响师徒之间的互动。

在技能教学过程中，上述四个作用单元同时进行，"师徒互动"与"动作技能形成"不断地相互影响、相互作用。

师徒互动对动作技能形成的影响过程是一个多层次循环往复的过程。师徒互动对动作技能形成的影响，其关键是师、徒双方的认知或情感对徒的动作技能形成的相关影响因素的影响。因此，在技能教学过程中，师、徒双方都应该熟练把握动作技能形成的影响因素和师徒互动对动作技能形成影响的规律，有意识地控制和调整自己的情感，努力提高自己的认知水平，以促使师、徒之间形成积极的互动，从而提高动作技能学习的效率和技能教学的质量。此外，"师"还应该将提高"徒"的认知水平与控制、调整情感的能力作为技能教学的一项重要内容。

（本篇撰写于 2006 年）

练习对操作技能形成的影响及
对高职技能教学的启示

高等职业教育肩负着培养面向生产、建设、服务和管理第一线需要的高技能人才的使命,在我国加快推进社会主义现代化建设进程中具有不可替代的作用。随着我国走新型工业化道路、建设社会主义新农村和创新型国家对高技能人才要求的不断提高,高等职业教育既面临着极好的发展机遇,也面临着严峻的挑战。[①]在高等职业教育所面临的挑战中,如何有效地培养高技能人才的技能是一个重要的方面,而练习被认为是影响技能形成的最重要的因素[②],因此,研究练习对操作技能形成的影响,对高职的技能教学和技能人才培养具有重要的意义。

一、练习的内涵与影响因素

(一)练习的内涵

练习是指反复执行某种动作以形成技能的过程。在这个过程中,练习者进行的是有意练习。这种练习使人的动作从本质上发生变化,它表现为人在完成动作时心理结构的变化,这种变化不仅表现为人记住动作方式和动作任务,而且还表现为分析任务的方法、解决任务的方法和调节动作的方法等方面。[③]我在天津部分高职院校校内实训基地所作的调查发现,实训指导教师

[①] 中华人民共和国教育部. 关于全面提高高等职业教育教学质量的若干意见[Z]. 教高〔2006〕16号, 2006-11-16.
[②] 皮连生. 学与教的心理学[M]. 3版. 上海:华东师范大学出版社, 2003:165.
[③] 叶奕乾, 何存道, 梁宁建. 普通心理学(修订版)[M]. 上海:华东师范大学出版社, 1997:415.

们普遍认为在练习时既动手又动脑的学生比那些一味机械练习的学生技能学习的效果要好很多，因而他们主张学生在学习技能时进行巧练，即练习时既动手又动脑。有的实训教师认为，为了促进学生巧练，一个比较有效的方法是"以用促学，学以致用"。[①]

（二）影响练习的因素

练习是操作技能学习中的重要影响因素，因而影响练习效率的因素对操作技能的学习也有重要的影响。影响练习效率的因素主要有练习的目的和要求、练习的时间分配、练习方法以及反馈等，[②]要想提高练习的效率，有效形成操作技能，就应当充分考虑这些因素，合理组织好练习。

1. 练习的目的和要求

明确的练习目的和要求是影响练习效率的最重要的因素，它可以激起学习者的学习动机与热情，提高其练习的主动性和积极性，使练习经常处于意识的控制之下。在操作技能的练习过程中，明确的目的会把要学习掌握的操作技能的心象浮现出来，练习者可以将练习的动作不断与要掌握的操作技能的心象相对照，同时思索着怎样才能达到这一目的，思维因此而经常处于积极状态，这样，练习就完全不同于机械的重复，有助于练习效率的提高。[③]

2. 练习时间的分配

操作技能的掌握需要充足的时间进行练习。因此，为了提高操作技能练习的效率，应该合理地分配练习时间。根据时间分配的不同，练习可以分为集中练习和分散练习两种。许多实验研究发现，分散练习的效果优于集中练习，但也有实验表明，分散练习并不总是优于集中练习。因此，在操作技能的练习中，应根据技能的性质、客观条件和主观状态来合理分配练习时间。[④]

---

① 唐玉亭. 影响技能形成的因素及对策[J]. 职业技术教育，1998，(5)：48.
② 莫雷. 教育心理学[M]. 广州：广东高等教育出版社，2002：257-261.
③ 马启伟，张力为. 体育运动心理学[M]. 杭州：浙江教育出版社，1998：258-259.
④ 叶奕乾，何存道，梁宁建. 普通心理学（修订版）[M]. 上海：华东师范大学出版社，1997：423-425.

3. 练习方法

在科学的练习方法指导下，在反复的练习中逐步提高，是操作技能学习的成功之路。获得操作技能的练习方法主要有整体练习和部分练习两种。在操作技能练习中，究竟采用哪一种练习方法，应根据操作技能的性质和复杂程度而定。一般状况下，如果操作技能各部分的独立性较大，或操作技能较为复杂，则采用部分练习的效果较好；如果操作技能的结构严谨、完整，需要细心整合，或操作技能较为简单，则采用整体练习效果较好。在操作技能练习中，教师应重视对学习者进行练习方法的指导。

4. 反　馈

反馈通常是指个体在执行一项技能之中或之后所接收到的与绩效有关的信息。[1]练习者若能及时得到反馈信息，就能正确认识自己的动作，并通过练习把正确的动作巩固下来，把错误的动作舍弃掉，从而提高练习的效果。练习者一般通过视觉、听觉、触觉、动觉和平衡觉来获得练习结果的反馈信息。通常情况下，在练习初期主要通过视觉通道或听觉通道来获取反馈信息，在练习后期主要通过运动感觉来获取反馈信息。在练习过程中，会有两种反馈作为矫正错误的线索，即内在反馈和外在反馈。由内在反馈所得的线索称为知觉痕迹，由外在反馈所得的线索称为结果知识，在内、外反馈机制作用下，经过反复练习，操作技能的水平会不断提高。[2]

二、练习对操作技能形成的影响

（一）影响操作技能形成的因素

操作技能是指在实际活动中操纵某种装置的动作技能，是一种特殊的动作技能，其形成受到生理成熟水平、智力水平、人格特征、知识经验与理论、动机、讲解与示范、反馈、合作学习、互动、练习和反思等诸多因素影响。

---

[1] Majill R. Augmented feedback in skill acquisition [C]. In: Singer R N, eds. Handbook of Research on Sport Psychology. New York: Macmillan press, 1993: 193.
[2] 苏坚贞，毛坚刚. 动作技能的三维分析[J]. 体育科技，2000，（4）：6-8.

在这些影响因素中，练习是一种被普遍采用的策略，是影响操作技能形成的最重要的因素。

（二）练习对操作技能形成的影响

根据已有的一些研究成果并结合以前学习机械类操作技能的体验，我认为练习的形式、练习的量和练习的组织等都对操作技能的形成有重要影响。

1. 练习的形式对操作技能形成的影响

研究发现，练习的不同形式对动作技能的学习有重要影响[1]：

（1）练习的分布对连续的和离散的动作技能有不同的影响。根据练习分布的不同，练习可分为集中练习和分散练习两种。对于连续的动作技能，许多实验研究表明，分散练习的效果要优于集中练习；对于离散的动作技能，初步研究表明，集中练习似乎比分散练习的效果要好，至少和分散练习一样好。Bourne 和 Archer（L. E. Jr. Bourne & E. J. Archer, 1956）的研究表明，练习的分布对动作技能的影响具有持续的效应。

（2）变式练习对动作技能的学习有重要影响。研究表明，在多种情境下进行练习，相对于不变的练习条件而言，能更好地促进动作技能的学习。

（3）身体练习和心理练习在动作技能的学习中有着不同的影响。Hird 等人（J. S. Hird et al., 1991）的研究指出，在任何可能的时候，学习动作技能要尽量选择身体练习而不是心理练习；但在不可能进行身体练习的情况下，心理练习也是促进学习的有效方法。

（4）部分练习和整体练习对动作技能的形成有着不同的影响。部分练习和整体练习的优劣主要取决于动作任务受单独一个动作程序支配的程度。如果动作任务完全由一个动作程序支配，则应当将其作为一个整体来练习。如果动作任务受一个以上动作程序的支配，则采用部分练习的效果会比较好。操作技能是技能人才在实际活动中操纵某种装置的动作技能，练习的不同形

---

[1] 皮连生. 学与教的心理学[M]. 3版. 上海：华东师范大学出版社，2003：161-173.

式对其有着同样的重要影响。因此,在操作技能的学习中,应根据技能的性质和学习条件选择合适的练习形式。

2. 练习的量对操作技能形成的影响

练习的结果可以用练习曲线表示。所谓练习曲线,是指用以描述操作技能与练习时间或次数之间变化关系的图形。虽然各种操作技能形成的进程不尽相同,但从练习曲线可以看出,它们随练习量的增加而改进,总的趋势是练习成绩逐步提高。[1]操作技能练习的实践也表明,在一定范围内,练习得越多,操作技能的学习效果越好。可见,练习的量对操作技能的形成也有一定的影响。在学习者正确掌握动作要领的基础上,加大练习量,有利于其操作技能的掌握。Keetch等人的实验研究表明,大量的练习可以使练习者脱颖而出,形成熟练的技能。[2]邓泽民认为,适当过度练习对操作技能的学习是十分必要的,它对于操作技能的保持尤为关键。[3]叶弈乾等指出,在理论知识的学习中,学习程度越高,遗忘越少,且过度学习达150%时保持的效果最佳。[4]在操作技能学习中是否也遵循这样的规律,或操作技能学习中过度学习达到怎样的比例最有利于操作技能的保持,目前还不得而知,这有待于今后进一步的研究。

3. 练习的组织对操作技能形成的影响

操作技能学习的理论和实践都表明,操作技能是在练习中形成的。而练习的效率又受练习的目的和要求、练习的时间分配、练习方法以及反馈等诸多因素的影响。因此,要使学习者顺利而迅速地获得操作技能,必须正确合理地组织练习。

---

[1] 莫雷. 教育心理学[M]. 广州:广东高等教育出版社,2002:257-261.
[2] Keetch M K, Schmidt R A, Lee T D, et al. Especial Skills: Their Emergence with Massive Amounts of Practice[J]. Journal of Experiment Psychology, 2005, 31(5):970-978.
[3] 邓泽民. 职业学校学生职业能力形成与教学模式研究[M]. 北京:高等教育出版社,2002:24.
[4] 叶弈乾,何存道,梁宁建. 普通心理学(修订版)[M]. 上海:华东师范大学出版社,1997:225.

三、对高职技能教学的启示

如前所述，操作技能的形成受到练习的形式、练习的量和练习的组织等因素的影响。因此，在高职操作技能的教学中，教师应该全面考虑练习对操作技能形成的影响，合理组织练习，学生也应该主动掌握和遵循练习对操作技能形成的作用规律，积极听从教师的安排，师生共同努力，有效地进行练习。

1. 要明确练习的目的和要求

教师要根据学习的目的和要求，确定合适的练习目的和要求，并依据学生练习的进展情况不断提出新的练习目的和要求，积极鼓励学生去争取达到。

2. 要合理安排练习活动的形式和时间

教师要根据所学操作技能的性质、教学条件和学生的特点等选择合适的练习形式，确定总的练习时间和每一次的练习时间。

3. 要掌握正确的练习方法

教师要根据操作技能的性质及复杂程度选用整体练习或部分练习，并指导学生运用相应方法进行练习。

4. 要准确、耐心地进行讲解与示范

教师要根据操作技能学习任务的性质、技能形成的规律以及学生的学习情况，适时、耐心地提供准确的讲解与示范。

5. 要及时将练习过程中的各种信息反馈给学生

在操作技能教学中，教师应该将练习过程中的各种信息及时地反馈给学生，以便学生有效地进行练习。

（本篇撰写于 2007 年）

操作技能形成影响因素研究及
对职校技能教学的建议

技能问题长期以来一直是心理学中的一个重要问题，也是在当前技能人才严重匮乏背景下引起了广泛关注的一个问题。本研究依据已有研究特别是实证研究的成果，结合技能人才操作技能形成过程的特点，对影响操作技能形成的因素进行了比较全面的归类探讨，并结合当前职业院校技能教学的实际提出了一些建议，希望对技能教学质量的提高有所帮助。

一、操作技能形成影响因素研究

（一）"操作技能"与"动作技能"的关系

技能是指人们通过练习而获得的动作方式和动作系统。它往往被分为两类，一类为智力技能，另一类有两种说法，有的地方称为动作技能，有的地方称为操作技能。尽管有的研究者[1][2]将"操作技能"和"动作技能"视为等同的概念，但对它们进行仔细分析，可以发现二者还是存在一定的区别。

心理学家一致认为，动作技能是一种按一定技术要求练习而获得的迅速、精确、流畅和娴熟的身体运动能力，可以通过驾驶汽车、操纵生产工具、打字等借助骨骼、肌肉及相应的神经过程实现的活动而表现出来。[3]它既存在于要求使用某种装置的任务中，也存在于不要求使用装置的活动中。不论动

---

[1] 叶弈乾，何存道，梁宁建.普通心理学（修订版）[M].上海：华东师范大学出版社，1997：396.
[2] 邓泽民.职业学校学生职业能力形成与教学模式研究[M].北京：高等教育出版社，2002：21.
[3] 皮连生.学与教的心理学[M].3版.上海：华东师范大学出版社，2003：157-158.

作技能所存在的活动是否使用装置，动作技能中总是包含精细的肌肉控制。

操作技能是人们在活动中经过练习而获得的完善化了的动作方式[①]，是"通过练习而获得的操纵器械的能力"，"在其学习过程中，需要口头学习并记忆操作任务，需要意识的积极参与"[②]。黄强等的研究认为，操作技能具有以下特征：①外显性；②有固定的结构；③注重动觉和触摸觉；④包含相应的智力因素。[③]彭聃龄也指出，操作技能的动作是由外显的机体运动来实现的，其运动的对象为物质性的客体，即物体。[④]

由上观之，操作技能是一种"操作性"的技能，它依赖于一定的装置而存在，它的范畴要比动作技能小。我认为，操作技能是一种特殊的动作技能，即在实际活动中操纵某种装置的动作技能。

（二）技能形成过程理论

动作技能的形成过程是指通过练习而逐渐掌握某种外部动作方式并使之系统化的过程，它一般要经历习得、保持和迁移等过程。国内外关于技能形成过程的理论有很多，其中费茨（T M Fitts）和波斯纳（M I Posner）的技能形成过程理论得到了研究者们的广泛认同。费茨和波斯纳将动作技能的形成过程分为三个阶段，即认知阶段、联系形成阶段和自动化阶段。[⑤]在认知阶段，学习者通过指导者的言语讲解或观察别人的动作示范，或从标志每一个局部动作的外部线索中，试图理解任务及其要求，同时也做一些初步的尝试。在联系形成阶段，练习者逐步掌握了一系列局部动作，并开始将这些动作联系起来。在自动化阶段，一长串的动作系列已联合成一个有机的整体并巩固下来，练习者能根据情况的变化，灵活、迅速而准确地完成动作，能自动地完成一个接一个的动作，几乎不需要有意识的控制。

---

① 黄强, 张燕逸, 武任恒. 职业技术教育心理学[M]. 天津：天津人民出版社, 1991: 69.
② Bilodeau E A & I M Bilodeau. MOTOR-SKILLS LEARNING [J]. Annual Review of Psychology, 1961, (12): 243-270.
③ 黄强, 张燕逸, 武任恒. 职业技术教育心理学[M]. 天津：天津人民出版社, 1991: 69-71.
④ 彭聃龄. 普通心理学[M]. 2版. 北京：北京师范大学出版社, 2001: 391.
⑤ 皮连生. 学与教的心理学[M]. 3版. 上海：华东师范大学出版社, 2003: 161-162.

(三)影响操作技能形成的因素

技能的形成受许多因素影响,国内著名心理学家邵瑞珍、皮连生、莫雷、叶弈乾等在他们的心理学理论著作中论述了影响动作技能形成的因素,宋兴川等研究者用实证的方法对动作技能形成的影响因素进行了研究[1],此外,还有一些研究者对运动技能或动作技能形成的影响因素进行了研究[2],但这些研究的结论几乎都包含于前述观点之中,尽管表述有所不同。国内关于技能形成影响因素问题的研究起步相对较晚,大多数研究都是在国外相关研究的基础上进行的,或在研究过程中大量借鉴了国外相关研究的成果,其观点基本包含了国外相关研究者的观点。

通过对国内外关于技能形成影响因素的相关研究进行分析,并结合技能形成过程理论以及对操作技能和动作技能关系的分析,我们认为,影响技能人才操作技能形成的因素有生理成熟水平、智力水平、人格特征、知识经验与理论、动机、讲解与示范、反馈、合作学习、互动、练习和反思,并且它们可以分为学习条件、学习模式和学习策略三大类。

学习条件分为内部条件和外部条件两类,内部条件包括生理成熟水平、智力水平、人格特征、知识经验与理论以及动机,外部条件包括讲解与示范、反馈。内、外部学习条件从不同的方面作用于操作技能的学习,对技能人才操作技能的形成有着重要的影响。

学习模式是指合作式操作技能学习模式。合作式操作技能学习模式是指以异质学习小组为基本形式,系统利用教学动态因素之间的互动促使学生在活动中经过练习而获得完善化的动作方式的一种技能学习模式,它以团体成

---

[1] 宋兴川,张琪,张志华. 技能形成过程影响因素研究[J]. 职业技术教育(教科版),2005,(22):60-63.
[2] 邹学云. 运动技能形成的心理分析[J]. 成都大学学报(自然科学版),1997,(4):62-63;郑俊乾. 技能训练方法简介[J]. 中国职业技术教育,2005,(15):47-49;邓立平. 关于运动技能形成的理论及学习程式[J]. 吉安师专学报(自然科学),1991,(5):38-42;李少丹,冯炳辉. 影响运动技能形成的心理因素[J]. 渝州大学学报(自然科学版),2000,(1):75-77;徐敏. 非智力心理品质与技能形成[J]. 中国职业技术教育,2004,(35):29;张绪平,刘剑锋,张美娟,等. 论庄子寓言中的职业技术原理及其对高等职教的启示意义[J]. 文教资料,2006,(20):42-43.

绩为评价标准，以学生获得操作技能作为教与学的共同目标。合作式操作技能学习模式实质上是一种操作技能的合作学习模式,它系统利用了师师互动、师生互动和生生互动等教学动态因素之间的互动，并且给学习者的学习提供了及时的反馈与指导，因而比较符合技能形成的一般规律，使得操作技能的学习具有较好的效果。

　　学习策略包括练习和反思。练习是技能教学中一种普遍采用的策略，练习的形式、练习的量和练习的组织等都对操作技能的形成有重要影响。反思也是一种影响操作技能形成的重要学习策略。在操作技能的学习中，反思既包括教师的反思，又包括学生的反思。教师的反思对学习者操作技能形成的影响包含于讲解与示范、反馈、练习等因素对操作技能形成的影响之中。学生的反思对操作技能形成的影响过程，实际上是反思的结果通过作用于影响操作技能形成的智力水平、知识经验与理论、动机、讲解与示范、反馈、合作学习、互动、练习等因素而间接影响操作技能形成的过程。

二、对职业院校技能教学的建议

　　通过对影响技能人才操作技能形成的因素进行的比较全面的归类研究，针对我国当前技能人才培养工作中所面临的问题与挑战，我们对职业院校技能人才培养中的技能教学环节提出了一些建议，以期对技能人才操作技能的培养有所助益。

（一）重视理论知识的学习

　　如前所述，知识经验与理论对操作技能的掌握具有重要的作用。而且，丰富的知识经验与理论有助于学生智力水平的提高。而获得知识经验与理论的最快捷有效的方式就是进行理论知识的学习。因此，为了有效掌握操作技能，应该重视理论知识的学习。目前，技能受到了全社会较高的重视，在职业教育与培训中，有的人从以前的"重理论轻实践"的一端走向了"重实践（技能）轻理论"的另一端，这种倾向值得我们高度重视。为了有效培养技能人才的操作技能，我们应该在重视技能学习的同时继续重视理论知识的学习。

（二）激发学生学习技能的动机

人的一切活动都是由一定的动机所引起的，动机是一切活动的原动力。[①]学生的操作技能学习行为同样受到动机的支配和调节。因此，在操作技能学习中，教师应该注意激发和培养学生学习技能的动机。

（三）以技能为主，兼顾认知与情感

在当今技能人才严重匮乏的社会背景下，技能教学在职业学校受到空前的重视。但是，对于与技能教学质量密切相关的认知和情感的教育，有的教师却不够重视。在技能教学中，如果学生的认知水平提高了，他就能较好地认识到学习的意义，明确学习的目标，掌握合适的学习方法，并能较快地掌握所学内容，从而具有较高的学习效率；如果学生控制和调整自己情感的能力提高了，他就能较好地处理与别人的各种关系，特别是与技能教学教师以及周围同学之间的关系，使自己在技能学习中经常处于积极的情感状态。而积极的情感具有调节和组织作用，能够增进学生操作技能学习的效果。[②]因此，在操作技能教学中，应该以技能教学为主，兼顾提高学生的认知水平与控制、调整情感的能力。

（四）形成良性师生互动，合理处理不良互动

在操作技能的学习中，教学主体之间的互动包括师师互动、师生互动和生生互动三种，其中对操作技能形成影响最大的当数师生互动。因此，为了提高学生操作技能学习的效果，应该努力促使良性师生互动的形成。

正确认识师生地位，有利于良性师生互动的形成。由于教师闻道在先、学有专长，而学生具有主观能动性，[③]因此在技能教学中，教师处于主导地

[①] 莫雷. 教育心理学[M]. 广州：广东高等教育出版社，2002：426.
[②] 叶弈乾，何存道，梁宁建. 普通心理学（修订版）[M]. 上海：华东师范大学出版社，1997：340.
[③] 胡德海. 教育学原理[M]. 兰州：甘肃教育出版社，1998：410-428.

位,学生处于主体地位。当然,教师不仅教,也通过互动被教,学生不仅学,同时也在互动中教,教师和学生在互动中互为主体、同等重要。因此,他们不应有尊卑、高低之分,而应是处于同一"水平面"上的两个独立的主体,彼此在平视对方的前提下实施互动行为[①]。在技能教学中,教师和学生都应该正确认识自己的地位,积极发挥自身的优势,从而促进良性师生互动的形成和技能教学质量的提高。

当然,由于教师和学生在年龄、经历等各方面存在较大的差距,他们思考问题和处理事情的方式往往有着较大的差异,加之个别教师或学生素质确实较差,因而师生之间的不良互动时有发生。因此,为了保证师生的身心健康和技能教学的质量,各技能人才培养单位的相关部门应当了解技能教学中师生双方的特点及其互动的规律,预先制定出有效的干预措施,并在不良互动出现而且无法调解后适时采用。

(五)师生共同努力,有效进行练习

如前所述,操作技能的形成受到练习的形式、练习的量和练习的组织等因素的影响。因此,在操作技能教学中,教师应该全面考虑,有效组织操作技能练习。

(1)要明确练习的目的和要求。根据学习的目的和要求,确定合适的练习目的和要求,并依据练习的进展情况不断提出新的练习目的和要求,积极鼓励学生去争取达到。

(2)要合理安排练习活动的形式和时间。根据所学操作技能的性质、教学条件和学生的特点等选择合适的练习形式,确定总的练习时间和每一次练习的时间。

(3)要掌握正确的练习方法。根据操作技能的性质及复杂程度选用整体练习或部分练习。

(4)要准确、耐心地进行讲解与示范。根据操作技能学习任务的性质、

---

① 刘晶波. 师幼互动行为研究[M]. 南京:南京师范大学出版社,2003:226-228.

技能形成的规律以及学生的学习情况,适时、耐心地提供准确的讲解与示范。

（5）要及时将练习过程中的各种信息反馈给学生。在操作技能教学中,教师应该将练习过程中的各种信息及时地反馈给学生,以便学生有效进行练习。当然,学生也应该主动掌握和遵循练习对操作技能形成的作用规律,积极听从教师的组织,努力做好操作技能的练习。

（六）重视反思意识和反思能力的培养

在操作技能学习过程中,教师的反思通过作用于讲解与示范、练习的组织、反馈等影响操作技能形成的因素间接影响学生操作技能的形成,学生的反思通过作用于影响操作技能形成的智力水平、知识经验与理论、动机、讲解与示范、反馈、合作学习、互动、练习等因素而间接影响操作技能形成。也就是说,教师和学生的反思对学生操作技能的形成均有重要影响。因此,为了促进学生操作技能的形成,师生双方都应该重视反思意识和反思能力的培养。当然,教师在培养自己的反思意识和反思能力之外还应该积极引导学生培养其反思意识和反思能力。

（本篇撰写于 2008 年）

第三部分

技能人才培养思想、模式与策略研究

中华人民共和国成立以来
我国主要职业教育思想研究

职业教育思想是一定历史时期内人们关于某些职业教育热点问题的一种社会意识,是教育思想在职业教育领域的体现与发展,它基于实践,而且与相应社会相契合、与时代精神相呼应、与人民之需相映照。[①]根据对职业教育实践和相关理论研究的分析,我认为中华人民共和国成立以来我国主要职业教育思想有:能力本位职业教育思想、工学结合职业教育思想和终身职业教育思想三种。

职业教育的兴衰起落始终伴随着新旧职业教育思想的更替。[②]对中华人民共和国成立以来我国主要职业教育思想的发展轨迹、内涵及对职业教育实践的影响进行分析,有助于认识这个时期职业教育发展的特点、把握我国职业教育发展之未来走向,有利于深化职业教育改革、增强我们应对未来发展问题的能力与信心,因而对我国职业教育的发展具有十分重要的意义。

一、能力本位职业教育思想

能力本位教育思想最初来源于美国二战后对退役人员的转业训练。20世纪60年代,美国师范教育领域兴起了能力本位教育改革运动。20世纪70年代,能力本位教育思想逐渐成熟并向职业教育领域扩展,形成了能力本位职业教育思想,但这种思想很快被人冷落。20世纪80年代中后期,能力本位

[①] 肖川. 论当代教育思想的基本特征[J]. 全球教育展望, 2006, (8): 24.
[②] 杨金土. 职业教育兴衰与新旧教育思想更替——百年职业教育回顾[J]. 职教论坛, 2004, (4): 4.

的教育和培训理念重新兴起，成为世纪之交职业教育改革和培训的主要理念。20世纪90年代，能力本位职业教育思想的发展达到了高潮。能力本位职业教育思想在美国产生后不久就传到了加拿大，并在20世纪80年代传到欧亚及澳洲的许多国家和地区。20世纪80年代中后期至20世纪90年代初，英国、澳大利亚和新西兰等国先后根据能力本位职业教育思想重新构建了自己的职业教育与培训体系。我国也于20世纪90年代初开始接触能力本位职业教育的思想和方法，并陆续在国内一些职校中进行教改试点。[①]

能力本位职业教育思想主张职业教育的主要任务是提高受教育者的从业能力，而不是知识水平，在发展职业教育的手段上更加强调企业的参与，其核心是以能力为基础的职业教育教学思想和制度体系理论。[②]能力本位职业教育思想强调岗位操作能力的培养，有利于培养出大量能够满足经济社会发展需要的技能型人才，因而受到了较高的重视，是指导我国职业教育实践的主要职业教育思想之一。但是，它对于人的品质、内在精神、可持续发展能力以及作为一个要生存和发展的社会人的更广泛的素质的培养重视不够。针对能力本位职业教育思想的缺陷，人格本位、素质本位和人本位职业教育思想应运而生：人格本位职业教育思想强调知识技能、智慧与方法、人格力量或职业伦理；素质本位职业教育思想以重视人的全面发展和综合职业素质培养为宗旨；针对我国职业教育中片面强调职业教育的经济功能和人的工具价值的问题，有人提出办职业技术教育应当"以人为本"，要满足人的各层次需要，把他们当作人来培养，并培养成人。[③]人格本位职业教育思想有利于克服能力本位职业教育思想中存在的"不重视人的品质、内在精神培养"的问题，但它本身发展不够成熟，难以承担起指导培养经济社会发展所需要的技能型人才的重任。人本位职业教育思想强调职业教育要满足技能型人才个体发展的需求，但却未能提出有效的措施来实现它。因此，既重视技能型人才

---

① 黄日强，许惠清. 能力本位职业教育的特征[J]. 外国教育研究，2000，（5）：58.
② 蒋莉. 职业教育主要思潮简述[J]. 成人教育，2006，（3）：16.
③ 卢洁莹，马庆发. 论职业教育观嬗变的哲学基础[J]. 教育发展研究，2006，（24）：12-13.

的全面发展又重视其职业素质培养的素质本位职业教育思想应该是能力本位职业教育思想比较理想的发展方向。虽然从长远来看,素质本位职业教育思想取代能力本位职业教育思想是必然趋势,但在中华人民共和国成立以来的我国职业教育实践中,能力本位职业教育思想发挥了重要作用,至今仍具有一定的影响。

能力本位职业教育思想认为,职业教育应以从事某一具体职业所必需的能力为出发点来确定培养目标,设计教学内容、方法和过程,评估教学效果;它主张职业教育的主要任务是提高受教育者的从业能力,而不是知识水平。[①]因此,它必须打破传统的课程设置模式,强化职业技能训练课程,加强学生动手操作能力和解决实际问题能力的训练,使学生不仅能够获得一定的理论知识,还能获得较强的职业能力。由于能力本位职业教育思想中的"能力"具有较强的针对性和动态发展的特点,因而职业教育的专业设置必须依据相应行业领域岗位能力需求的变化作出适时调整。能力本位职业教育思想要求教师具备较强的实践教学能力,这对职业院校和从学科本位职业教育时期"转型"而来的专业理论课教师是不小的挑战,它迫使职业院校加强与企业的合作,促使传统专业课教师定期到企业实践;它对传统的实验实训课教师也提出了要求——不能只懂操作不懂理论,而要具有扎实的理论功底并紧跟最新技术和知识发展的前沿,适时提高自己的技能水平。能力本位职业教育思想强调职业能力的培养,而职业能力的形成有赖于大量的实践操作训练,因而科学的实训体系和数量充足、质量较好的校内外实训基地必不可少;这与以往"在黑板上开机器"的实训模式比起来,给职业院校增加了较大的压力,但也为职业院校技能型人才培养目标的实现提供了基本保障。与上述变化相对应,职业教育的教学评价应不再主要依赖于理论考试,而要加大实践考核的比例。

[①] 郑健壮,陈晓川. 基于能力本位的高职教育实训基地建设研究[J]. 职业技术教育,2007,(16):38.

二、工学结合职业教育思想

中华人民共和国成立以来，工学结合职业教育思想在我国职业教育领域"热"了三次：第一次开始于 20 世纪 50 年代末，其关键词是"半工半读"；第二次开始于 20 世纪 90 年代初，其关键词是"产教结合、工学结合"；第三次开始于 21 世纪初，其关键词是"校企合作、工学结合"。如今，"校企合作""工学结合"在我国职业教育理论研究和实践中仍是热门词汇，职业教育"校企合作""工学结合"的发展正在走向深入。"半工半读"和"产教结合"是"工学结合"的具体表现形式，"校企合作"是"工学结合"的实现途径，它们都是工学结合职业教育思想的重要组成部分。在"半工半读"之前，工学结合职业教育思想还经历了学徒制、"工读主义"和"教育与生产劳动相结合"等发展形态。我国职业教育实践中存在人才培养成本高、办学经费不足、缺少必要的实习实训条件等突出问题，"工学结合"不仅有利于职业教育办学条件的完善，而且有助于学生职业能力的培养和职业素质的养成。因此，工学结合职业教育思想是一种非常符合我国职业教育实际的教育思想。随着科学技术的发展和产业结构的转型升级，对技能型人才的技能和知识水平的要求会进一步提高，因而在未来的职业教育中，技能的练习仍然重要，而且对理论教学会有更高的要求。工学结合职业教育思想将在"工"得到较好的重视和达到一定比例的同时，加强对"学"的重视，最终实现"工"与"学"的合理平衡、有机融合，这有利于技能的练习和必要的理论知识的学习，有利于技能型人才职业能力和综合素质的提高。

学者们关于"工学结合"内涵的界定较多，尽管表述不尽相同，但其核心内容基本一致。有学者根据他们的界定，给"工学结合"下了一个定义：工学结合是培养技术型、技能型人才的一种教育模式，它是以培养学生的综合职业能力为目标，以校企合作为载体，把课堂学习和工作实践紧密结合起来的人才培养模式。[1]由此看来，"工"代表企业、工作实践，"学"代表学校、课堂学习。从办学角度来讲，"工学结合"是指企业和学校合作，为人才

---

[1] 徐涵. 工学结合概念内涵及其历史发展[J]. 职业技术教育, 2008, (7): 6-7.

的培养提供经费和条件。从学习角度来讲,"工学结合"是指工作实践和课堂学习结合、实践和理论结合,以促进理论知识和技能的学习与掌握。

工学结合职业教育思想对职业教育的专业设置、课程开发、教学、师资、实训和教学评价等方面都提出了要求,对职业教育的人才培养产生了重要影响。在专业设置方面,要求职业教育以市场、企业需求为导向,适时设置新专业并动态调整。在课程开发方面,要充分发挥企业的积极作用,要对工作过程进行系统化设计,将工作过程知识转化为学生易于接受的课程知识。在教学方面,要将教、学、做融为一体,使学生不仅有效掌握必要的理论知识,还能熟练操作有关工具和设备进行实际生产,能解决生产中的各种疑难问题并进行一定的创新,并有较好的职业素养。在师资方面,要求教师既能进行理论教学又能进行实践教学——这样的教师队伍可以是由理论型教师和实践型教师组成的双师结构教师队伍,但最好是由集理论教学能力和实践教学能力于一身的"一体化双师型"教师组成的双师型教师队伍。在实训方面,要求对学生进行系统化实训——既要有校内实训室的仿真实训,也要有校内生产性实训基地的生产性实训,还要有校外企业真实生产岗位的顶岗实训。在教学评价方面,要充分发挥企业的作用,要以是否具备实践操作能力和必要的理论知识作为评价的主要标准,并逐步增加对解决实际问题能力和创新能力的要求。

三、终身职业教育思想

终身教育思想可以追溯到古代的孔子、苏格拉底、柏拉图和亚里士多德等人的哲学与教育思想中,但严格意义上具有现代意味的终身教育思想的产生始于19世纪末20世纪初,[①]而且其真正确立是在20世纪六七十年代。1970年,终身教育思想的代表人物、法国著名教育思想家和成人教育家保罗·朗格朗出版了《终身教育引论》,阐述了终身教育的概念和基本思想。他的观点

---

① 巨瑛梅.终身教育的理论与实践:渊源、演变及现状[D].北京:北京师范大学,1999:1.

得到许多东西方国家的赞同,被认为是"知识社会的根本原理",并最终发展成为世界性的教育改革的主导理念和许多国家的教育决策及政府行为。[①]我国1993年颁发的《中国教育改革与发展纲要》便使用了"终身教育"的概念,1995年颁布的《中华人民共和国教育法》提出要"建立和完善终身教育体系",并明确了终身教育在我国教育事业中的地位和作用,2010年发布的《国家中长期教育改革和发展规划纲要(2010—2020年)》也提出要"构建体系完备的终身教育","促进全体人民学有所教、学有所成、学有所用"。如今,终身教育思想已逐步被中国大众所接受,它在中国的"本土化"过程已经初步完成。[②]

终身职业教育思想乃是终身教育思想在职业教育领域之体现,其基本观点如下:在职业教育与培训的时间上,不局限于青少年时代,或者职前培训,而应该伴随一个人职业生涯的全过程,需要一次次地学习,学习时间是弹性的、开放的,可以工学交替,可以分段学习;在职业教育与培训的空间上,既包括学校本位的职业教育与培训,也包括企业本位、社会本位的"合作教育"形态的职业教育与培训,它要求建立一个办学主体多元化、有助于形成个人在其一生任何时候都可以不断接受职业教育或学习的制度条件;在职业教育与培训的对象上,它要求全纳性,它的目标群体是开放的,要满足不同层次、不同水平、不同性别、不同年龄个人的多样化教育需求;在职业教育与培训的目的上,它不把人禁锢在某一种特殊的、终生不变的职业上,而意在培养人们从事职业活动的能力,在各种专业中尽可能流动的能力,可持续发展、保持自我学习和培训愿望的能力。[③]有学者认为,职业并不是与人终身相伴的,终身职业教育观点中存在着缝隙和漏洞。[④]还有学者指出,"终身职业教育"这一不大准确的学术语言之所以在当下教育文化领域内得到一定程度的流布,是因为一些从事学术研究的人在充分借鉴世界优秀文化成果的

---

① 蒋莉. 职业教育主要思潮简述[J]. 成人教育, 2006, (3): 17.
② 南海, 王星星. 国内职业教育终身化思潮及实践发展研究[J]. 中国职业技术教育, 2011, (21): 6.
③ 欧阳河, 等. 职业教育基本问题研究[M]. 北京: 教育科学出版社, 2006: 167-168.
④ 刘诗能. "终身职业教育"拷问[J]. 教育与职业, 2008, (5): 15.

同时，不加分析地进行所谓的创新，简单推演，妄加结论，进而犯了一些不应该犯的逻辑错误。[1]尽管如此，终身职业教育思想确实有利于满足我国民众多样化的职业教育需求，对我国职业教育实践产生了积极的影响，对"体现终身教育理念"的现代职业教育体系的形成乃至"体系完备的终身教育"的构建都将具有重要意义。我认为，人们现在所理解的"终身职业教育"实质上是职业生涯全程职业教育；未来的"终身职业教育思想"应在强调职业教育为个人全面、协调、可持续发展和终身幸福服务功能的同时，汲取能力本位职业教育思想和工学结合职业教育思想的优点，适当强化职业教育为经济社会发展培养技能型人才的功能。

终身职业教育思想缘何受到我国职业教育界的重视？我认为，其原因有如下四点：

（1）随着科技进步和产业发展，社会上各种职业对从业人员的素质要求不断提高；

（2）现代社会的竞争机制迫使终身职业向多种职业嬗变，人们不可能一生维系于静态的职业岗位而保持不变，必须具备不断适应劳动市场变化的本领[2]；

（3）技能的学习不是一蹴而就、一劳永逸的事情，它需要学习者通过各种途径终身反复学习、练习和反思，不断提高[3]；

（4）个体从"生物人"变成能生存、可发展、会享受的"社会人"，需要在整个职业生涯中不断接受职业教育，不断提高自己的认识水平与实践能力。

从上述分析可以看出，终身职业教育思想对我国职业教育实践主要有以下四个方面的影响：

（1）职业教育要具有开放性，要能够向所有有需要的人提供职业教育与培训；

（2）职业教育要不断更新教学内容、创新教学方法、提高教师素质、完

---

[1] 汤广全．"终身职业教育"刍议[J]．成人教育，2009（5）：31．
[2] 姜大源．职业教育学研究新论[M]．北京：教育科学出版社，2007：10．
[3] 陈丹，何应林．技能的"终身学习"途径[N]．中国教育报，2008-11-20（3）．

善实训条件、改进评价方法，以使受教育者能及时、有效地掌握职业要求的各种素质；

（3）职业教育对技能的培养要有"系统"思维，要努力增进学习者技能学习的实践；

（4）职业教育要完善其人才培养目标，不仅要培养能胜任各项职业活动要求、能与职业及社会和谐相处的与时俱进的高素质职业人才，也要培养懂生活、会享受的能与自己和谐相处且身心健康的社会公民。我认为，终身职业教育思想对传统的"重理论、轻实践、少更新，重社会、轻个体、少关怀"的职业教育实践提出了挑战，它促使职业教育实践朝着更加科学的方向行进。

中华人民共和国成立以来，能力本位职业教育思想、工学结合职业教育思想和终身职业教育思想等三种主要职业教育思想的发展并非一帆风顺，而是"有时起有时落"，但不管怎样，这些职业教育思想都没有完全退出人们的视野，因为它们分别有利于满足经济社会发展需要、技能学习需要和人的发展需要。由于这三种职业教育思想分别有利于满足经济社会发展、技能学习和人的发展的需要，中华人民共和国成立以来，在它们的指导下，我国职业教育办学水平和人才培养质量有了较大的提高，为国家经济社会发展培养了大量高素质劳动者和技能型人才，职业教育也朝着更加科学的方向发展。今后，在新的社会形势和实践背景下，三种职业教育思想将进一步发展完善，并以新的姿态推进我国职业教育发展，为经济社会和人的发展作出新的重要的贡献。

（本篇撰写于 2012 年）

我国当代职业教育思想初探

教育思想是人们对教育现象的认识，主要包括教育主张、教育理论、教育学说等。它既涉及较为零星的、不太系统的教育思想，又包括较为系统和严密的教育思想。它们分别来自人们对教育总体某方面的片段的初步的看法、想法、主张、要求与建议，以及人们在总结前人经验基础上，经过深入探索、反复检验整理改进而提出的教育理论、教育学说。[①]职业教育思想是一定历史时期内人们关于某些职业教育热点问题的一种社会意识，是教育思想在职业教育领域的体现与发展，是一种特殊的教育思想。

我们在探究职业教育流派问题时，发现关于中国当代职业教育思想的最新、系统研究很少，于是拟从广义的社会历史角度，对当代职业教育思想进行分析。一方面是为了弄清中国当代职业教育思想的主要内涵，理出其变化规律，以资当前职业教育借鉴与利用；另一方面，是为了给其他研究者研究相关问题提供一个参考。

在中国的历史分野中，1840年以来的历史被划分成三大阶段。1840—1919年是"近代"，1919—1949年是"现代"，1949年迄今是"当代"。据此，本文主要探讨1949年至今中国职业教育的变化，提出工农教育思想、半工半读教育思想、左倾教育思想、教育产业化思想、能力本位教育思想和终身教育思想等六种教育思想。[②]

[①] 顾明远. 教育大词典[M]. 上海：上海教育出版社，1990：41.
[②] 在阐述这几种教育思想的过程中，除了已标注之处外，还参考了以下文献的部分内容：程凯. 当代中国教育思想史[M]. 开封：河南大学出版社，1999；李蔺田. 中国职业技术教育简史[M]. 北京：北京师范大学出版社，1994；苏渭昌. 中国教育思想通史（第八卷）[M]. 长沙：湖南教育出版社，1994.

一、工农教育思想

中华人民共和国成立伊始，各行各业处于百废待兴的历史阶段，第一代领导集体在治国方略上注重社会经济的发展，在教育上提出了"向工农开门"的教育方针，以提高工农干部和群众的文化科学技术水平，满足社会主义经济建设的需要。

根据国家有关部门文件精神，工农教育思想主要包括以下三个方面的内容：第一，扩大招生对象，有计划地吸收工农群众、干部及其子女入学。第二，在入学条件方面，降低对"工农学员"的分数要求，并为达不到入学文化水平的人举办补习班。第三，在教育费用方面，为"工农学员"提供人民助学金和减免学杂费等优越条件。各类中等技术学校，除了提高了人民助学金标准外，还减免学费。第四，在教育措施方面，设立专门的技术学校，培养"工农学员"。至1952年，工农成分的学生占到全国中等技术学校学生总数的将近一半，[1]工农文化技术水平有了一定的提高。

与其他教育思想相比，工农教育思想具有如下特点：第一，根据国家经济和教育发展的需要和实际情况，对特定的工农对象在政策上作适当倾斜。第二，对工农学员的文化基础、经济条件和学习能力等实际情况给予周密的考虑。第三，注重教育政策的落实。国家采取了许多具体的措施，使教育政策落到实处，使大量"工农"得以进入技术学校学习。

在工农教育思想的影响下，大量的工农群众和干部得以进入技术学校学习，文化技术水平有了一定的提高，并且其中一部分人学有所成，成为技术人才，对国家的经济建设做出了直接的贡献。

然而，在工农教育的具体实施过程中也出现了一些问题。第一，出于经济建设的需要，过于偏重技术的学习，忽视学生素质的全面提高。第二，由于招生政策的不完善，使得许多人有机可乘，结果招收的大多是工农干部及其子女和少数有一定"背景"的工农群众，普通工农群众的权益受到了损害。

---

[1] 李蔺田. 中国职业技术教育简史[M]. 北京：北京师范大学出版社，1994：82.

二、半工半读教育思想

20世纪50年代，我国处于一个经济文化落后、人口众多的状态，众多民众强烈地要求接受教育，但国家难以满足他们的需求，形成了这个时期的一个社会难题。而且，我国经济建设的发展需要大量有文化的劳动者，特别是技术人员和技术工人。为了妥善解决这些问题，党中央在20世纪50年代末期提出了实行"两种教育制度"[①]的主张，要求大力发展半工（农）半读职业技术学校和业余学校。

半工半读职业教育思想的指导思想是刘少奇所提倡的"两种教育制度，两种劳动制度"[②]；其理论基础是"教育与生产劳动相结合"的方针。半工半读学校的培养目标是培养"又红又专""能文能武"的新型劳动者；它"可以按照'能者为师'的原则就地找到师资，然后在政府的帮助之下，逐渐发展成为在课程、设备、师资等方面日益完备的学校"。在教育经费方面，半工半读学校要自力更生，争取逐步做到经费大部分或全部自给。

半工半读职业教育思想是我国当代一种重要的教育思想，其突出特点有：第一，教育与生产劳动相结合。我国历来有重书本知识而轻劳动的倾向，半工半读职业教育思想将教育与生产劳动结合起来，是一个历史性的巨大进步。第二，半工半读职业教育思想重视受教育者政治素质的培养，重视体力劳动与脑力劳动的结合。半工半读学校培养出来的人要"又红又专""能文能武"，这充分体现了中华人民共和国对人才的全面要求。第三，半工半读职业教育思想还具体要求半工半读学校能逐步做到自己解决大部分或者全部的经费。

作为一种重要的教育思想，半工半读职业教育思想充分体现了马克思全面发展的学说，强调了国家对新型劳动者的要求。这种思想突破了苏联教育经验的局限，开创了一条符合我国国情的具有中国特色的教育发展道路。它不仅有利于各类人才的培养，促进了社会主义教育与经济的发展，而且缩小

---

① "两种教育制度"即普通的学校教育制度和半工（农）半读的学校教育制度。
② "两种教育制度，两种劳动制度"的基本内容为：学校制度和工厂、农村的劳动制度并存；半工半读的学校制度和劳动制度并存，以前者为主，后者为辅。

了体力劳动和能力劳动之间的差别，促进了人的全面发展。

在具体贯彻半工半读教育思想的过程中，由于对有些理论和实践的结合问题研究的不足，致使过分强调"半"工"半"读的教育形式，使半工半读教育演化为脱离书本的劳动教育。更为严重的是，由于受到当时"迫切"进入共产主义社会愿望的影响，盲目发展半工半读教育，结果实际上把半工半读教育推向了劳动教育。

三、左倾教育思想

1957年以后，由于国际形势的变化和对国内情况的错误估计，中央在指导方针上出现了"左"的错误，在教育工作上也出现了"左"的观点和做法。在1958—1960年，这种错误有一定的发展。随后，由于"文化大革命"和林彪、四人帮等的破坏，教育领域内先前存在的"左"的观点迅速膨胀，表现为左倾教育思想。这种思想片面强调阶级斗争的重要性，否认学校教育对学生传授知识的重要性。这种不正确的观念对职业教育的发展产生了重大影响，造成了严重后果。

左倾教育思想是一种消极的教育思想，它对教育规律存在许多错误的认识，对职业教育的发展造成了破坏性的影响。其主要内容包括：第一，教育是阶级斗争的工具；第二，教育的首要任务是引导学生进行阶级斗争；第三，政治与业务是对立的；第四，理论与实践是对立的；第五，教师在教育过程中不起主导作用。

左倾教育思想蔓延使我国的职业教育事业受到重创，方兴未艾的职业教育受到了严重的影响。职业学校大量停办或停止招生，职业学校教育质量降低，培养出来的人才的政治和业务素质大大降低，进而降低了职业队伍的技术水平，影响了经济、社会的发展。职业教育的师资、校舍、学校设备和图书仪器等受到较大损失，职业教育短期恢复困难。更为严重的是，职业教育理论研究无人问津，以往积累的研究成果受到破坏，所剩无几。

应该看到，左倾教育思想对职业教育发展的教训，较为突出的是政治对教育的过多干预，使其发展偏离了正常轨道。因此，在发展教育的时候，应当处理好教育与政治等各种因素的关系，使其按自身规律发展。

四、教育产业化思想

进入 20 世纪 80 年代，中国政治和经济发生了重大变化。新一代中国领导人纠正了"文化大革命"的错误及其影响，提出解决落后的生产力与人民群众日益增长的物质文化需要的矛盾是新时期的主要任务，教育的发展由"以政治为中心"转移到"以经济建设为中心"。为了更好地发展经济，国家进行了经济体制改革。经济体制由"计划"向"市场"的转变推进了职业教育改革，建立了劳动力市场，逐步实现了办学主体的多元化和办学形式的多样化。再加上国外教育经济思想及人力资本理论的影响，产生了职业教育的产业化思想。中共中央、国务院 1992 年 6 月颁布的《关于加快发展第三产业的决定》，明确将教育称为"对国民经济发展有全面性、先导性影响的基础产业"，确定了教育的产业地位。

职业教育产业化思想的主要内容有：第一，职业教育产业的产品是教职工提供的教育服务，它的价值是通过交换（受教育者通过交费来消费职教产品）来实现的；第二，职业教育产业有自己的教育市场——职业教育市场，这种市场是在职业教育需求的作用下生成的；第三，职业教育产业化将职业院校作为企业一样来看待和经营；第四，职业教育体制从本质上来讲是一种资源配置方式，只有坚持以市场为取向深化对其进行改革，才能使其实现由"计划体制"向"市场体制"的转变，从而实现职业教育产业化。

职业教育产业化思想的一个重要特点是它突显了职业教育的经济功能。它认为，职业教育促进生产力和经济发展的功能是现代职业教育功能的核心内容。

职业教育产业化思想是在市场经济条件下发展教育的一种办学思想，产生了一定的积极作用：第一，强调了职业教育的经济功能，使其在生产力和经济发展中发挥出重大作用；第二，深化了职业教育体制改革，使职业教育适应了市场经济发展的要求；第三，使职业教育摆脱了困境，走上了自我发展和自我完善之路。实距证明，职业教育产业化思想也存在很大的局限性，主要表现在思维的狭窄性上。它没有或很少从现代职业教育和人类社会进步的整体需要的角度考虑，没能或很少考虑职业教育的政治和文化功能，考虑的只是职业教育的改革和发展要适应经济建设的需求。

五、能力本位教育思想

现代经济的发展对劳动者的能力要求呈现出前所未有的多样性与变化性，对职业技术人才的培养提出了新的要求，要求职业教育必须向学生提供能适应社会快速发展变化的能力培训。但是，我国传统职业教育不适应这样的要求，不利于学生的实践能力与创造能力的培养。因此，学习国外的先进经验，就成了职业教育和经济发展的一条出路。20 世纪 70 年代末，邓小平提出改革开放的英明政策，国外先进的教育理念传入中国。能力本位就是其中一种具有显著优越性的职业教育思想，这个理论从劳动者的工作出发，关注职业岗位所需的能力的培养。它有利于劳动者能力和职业任务的匹配，极大地促进了劳动效率的提高，曾引起了世界范围的广泛关注，一度成为世界职业教育改革的思潮。

能力本位职业教育思想的主要内容包括：第一，能力本位教育中的"能力"是一种包括与本职业相关的知识、态度、经验和反馈等内容的综合职业能力；第二，职业教育的主要任务是提高受教育者的从业能力；第三，在教育导向方面，"企业专家导向"取代"教育专家导向"；第四，在学习目标方面，"学生主体"取代"知识客体"；第五，在教育程式方面，"学习程式"逐步取代"教学程式"；第六，在发展职业教育的手段上，应当更加注重企业的参与。

这种教育思想以强调岗位能力为核心，强调学生的主体性，注意课程的实用性。所谓"岗位能力"，是指在岗位上所表现出来的实际操作能力。

能力本位职业教育思想促进了职业教育的发展，尤其在课程开发、职业适应和教育方法改革等方面发挥了一定的积极作用。

能力本位职业教育提高了产业界在开发职业教育课程、进行职业教学中的介入程度；使职业教育更能够为就业做好准备，更加符合企业的需求；使职业教育更能适应行业性的广泛要求，更能提高其效率和效益；推动了职业教育的教育教学改革。它推动了行业用人部门和学校教育部门间的合作；为职业教育体系的改革提供了新的思想动力。在该思想影响下所采用的一些方法和手段，有效地缩短了职业教育与经济发展的距离。

同样，能力本位职业教育思想也存在一定的局限性。能力本位职业教育将任务或任务的叠加当作能力，从哲学上看，这是还原主义的能力观，其应用具有一定的局限性。在教育目的上，它存在着重行为、轻品德的倾向。在教育方法上，它强调针对具体工作进行培训，这将影响日后的职业迁移和继续学习。

六、终身教育思想

20世纪六七十年代，在联合国教科文组织的直接推动下，终身教育思想成为一种国际性的教育思想。

终身教育思想源远流长。开始，人们把终身教育当成了"成人教育""职业教育"等的代名词，总是将其与职工的继续教育联系在一起。后来，人们逐渐认识到应该超越"职工教育"的范畴，把所有教育都纳入终身教育的体系。终身教育思想是心理学关于人生全程发展理论的具体体现，它的引入也是我国改革开放政策的结果之一。

终身职业教育思想是终身教育思想在职业教育领域的体现。其主要内容有：第一，教育是人们提高职业水平的一种手段；第二，职业教育与培训应伴随个人职业生涯的全过程，学习与工作应交替进行；第三，职业教育与培训应当满足不同人的多样化的教育需求；第四，职业教育的目的是培养人的发展能力和对变动的职业的适应能力。

终身职业教育思想具有以下特点：第一，终身职业教育的目标群体是开放的，它要满足各类人的不同需要。第二，终身职业教育伴随个人职业生涯的全过程。第三，在个人职业生涯中，学习与工作交替进行。第四，职业教育可以与其他形态的教育很好地衔接起来，融汇成终身教育体系。第五，职业教育要接纳所有需要它的人，并为他们提供服务。第六，终身职业教育的学习目标、方式、内容、过程、时间和地点等都可以根据不同的情况而变化。第七，终身职业教育强调教育与工作、生活相结合。

终身职业教育思想的积极作用在于，它使职业教育发生了翻天覆地的变化，并且从根本上改变了人们对传统职业教育的一贯看法，使人们的职教观从"小职教观"转变为"大职教观"。与传统职业教育思想相比，终身职业教育思想具有很大的灵活性和可变性，但也正是这个特点，使得它难以为人们所全面、正确地理解与操作。

综上所述，当代中国的职业教育思想的变化，集中形成了工农教育思想、半工半读教育思想、左倾教育思想、教育产业化思想、能力本位教育思想和终身教育思想。它们的变化趋势，总体上呈现出从"以政治为中心"向"以经济为中心"、再向"以人为本"的方向发展的特征，表现为越来越注重社会经济的发展和人的发展的结合。

（本篇撰写于 2005 年）

半工半读：内涵与理论基础

目前，半工半读教育实践正在我国职业院校如火如荼地展开，国内学者也纷纷开始对半工半读有关问题进行研究。本文试就半工半读的内涵与理论基础两个问题进行探讨，希望对职业院校的半工半读实践有所启示。

一、半工半读的内涵

（一）职教发达国家的半工半读

在职业教育发达的德、英、美、日等国，都存在半工半读，只是各国的表现形式有所不同，德国表现为双元制教育，英国为"三明治"教育，美国为合作教育，日本为双结合教育。[①]

德国的双元制是一种将学校与企业、理论知识与实践技能紧密结合，以培养高水平的专业技术工人为目标的半工半读职业教育制度，主要是中等职业技术教育制度。在该制度下，受训者有 1/3 的时间在学校接受理论教学，2/3 的时间在企业内进行培训。英国的"三明治"教育是一种全日制课程学习与工商业训练相结合的半工半读制度。在该制度下，学生在校学习期间有很长一段时间要走出校门参加实际工作训练，学生以"学习—实践—学习"的方式完成学业。美国的合作教育是一种把课堂学习与相关领域中生产性的工作经验学习结合起来的半工半读制度。在该制度下，理论学习与实践一起为学生提供渐进的经验，学生、教育机构和雇主间是一种伙伴关系，他们均有自己特定的责任。日本的双结合教育是指定时制高中同企业里的

---

① 周明星，孟庆国. 中外职业教育工学结合模式的比较与借鉴[J]. 职业技术教育，2008，（4）：82-83.

职业训练机构合作对学生进行教育的一种半工半读制度。在该制度下，学生在学校学习普通课程和部分专业课，在企业学习专业课，学生既是学生又是企业受训者。

上述几个国家的半工半读制度虽然表现各异，但是他们有一个共同的特点，即将学生的理论学习与实践结合起来。在这些国家的半工半读制度中，理论学习与实践交替进行，二者在学生的整个学习中并非绝对地各占一半，而是根据学生学习的实际需要和条件具体安排和调整。

（二）我国的半工半读

在我国，半工半读的概念最早出现于 1917 年制定的《留美中国学生工读会简章》中的《工读互助团简章》之中。"中华职业教育社"成立后，在黄炎培等人的努力下，职业教育进行积极探索，主张手脑并用、做学合一，把教育与生产、生活联系起来。此后，在战争时期和中华人民共和国成立初期都坚持实行教育与生产劳动相结合，边读书边劳动，开展文化学习运动。从 1917 年"中华职业教育社"成立到中华人民共和国成立初期，半工半读实际上是一种对工农大众实现启蒙教育、文化普及的形式。[1]

中华人民共和国成立后，党和政府非常重视教育事业，坚持"教育同生产劳动相结合"，"普通教育与职业教育并举"的方针。1956 年，社会主义制度在我国基本建立起来，人民对经济文化迅速发展的需要与落后的社会生产力之间的矛盾成为社会的主要矛盾，发展生产力成为全国人民的首要任务。此外，当时教育界内外界都在强烈地反思苏联经验，希望开创一条符合我国国情的具有中国特色的教育发展道路。在这样的背景下，刘少奇于 1957 年提出了"两种教育制度"的设想，半工半读制度在我国诞生。

从 1958 年开始，全国展开了一场以"教育与生产劳动相结合"为中心的教育大革命，中共中央提出实行"两种教育制度"的主张，要求大力发展半工半读、半农半读等职业技术学校和业余学校，力图在国家财力投入有限的

---

[1] 耿洁. 我国职业教育工学结合模式的历史发展和实践[J]. 职教通讯，2007，（3）：26-27.

情况下，通过多种多样的办学形式，使更多的青少年受到教育，为工农业生产输送更多的既有文化知识又懂技术的人才，走出一条符合中国国情的国民教育之路。1959年以后，国民经济连续三年出现困难，教育事业也受到了一定的影响，加上普遍存在办学质量的问题，这类学校大部分未能坚持下去。[①]

从1964年起，随着国民经济的调整、恢复和好转，刘少奇再次倡导推行两种教育制度。由于汲取了以前失败的教训，这一时期的办学质量有所提高。到1965年，全国各地半工半读类学校和学生数都达到了惊人的数目。"文化大革命"期间，随着刘少奇被打成"党内最大的走资派"，由他倡导的"两种教育制度"也被当作"修正主义教育路线"受到批判，半工半读学校几乎全部被撤销，半工半读教育改革以失败告终。20世纪70年代中期以后，原初意义上的半工（农）半读教育制度已不复存在，留存于城市职工大学、农民大学和农民技术学校，以及少年劳教工读学校的，多是半工（农）半读教育制度的变体。[②]

2005年3月2日，教育部部长周济在职业与成人教育年度工作会议的讲话中提到"大力提倡'工学结合'、'半工半读'"，同年8月19日召开的职业教育工学结合专题会议上，周济部长讲到"坚持工学结合、半工半读"，强调"大力推行工学结合、半工半读的人才培养模式"。2006年3月，教育部专门下发《教育部关于职业院校试行工学结合、半工半读的意见》；7个月后，教育部在107所中等职业学校开展半工半读试点工作，半工半读在我国又逐渐红火起来。

（三）半工半读的内涵

在我国最早出现"半工半读"概念的《工读互助团简章》（1917年）中，半工半读中的"读"是指学习，"工"是指"为了学习而工作"。因此，此处的半工半读可以理解为为了学习而工作，边学习边工作。半工半读职业教育

[①] 陈波涌. 半工半读职业教育思潮（上）[J]. 职教论坛，2004，(28)：60-61.
[②] 聂劲松，白鸿辉. 半工半读教育制度的合理内核与改革实施[J]. 职教通讯，2006，(5)：16.

思潮的主要代表人物刘少奇在《办好半工半读学校》一文中将半工半读定义为"一半时间劳动一半时间上学的制度,使工作和教育相互成为休息和鼓励",《教育大辞典》给半工半读下的定义为"部分时间劳动、部分时间学习的办学形式,也是学生参加一定劳动、挣钱读书的求学方式"。[1]从字面上来看,半工半读中有"工""读"和"半"三个要素。"工"是指在真实生产环境下的生产性实践活动,它既有利于促进学习者对理论知识的理解,又有助于实践技能的形成,还可以赚取部分生活费用,帮助学习者缓解经济压力。"学"是指理论学习,它既包括课堂上的理论学习,也包括生产性实践期间进行的有关理论知识的学习。"半"是指一半,可以引申为部分。

综观国内外半工半读实践及上述对半工半读概念的分析,半工半读是指学习者部分时间进行理论学习,部分时间进行生产性实践活动(工作),以"工"促"读",以"工"养"读"的一种教育形式;至于"工"和"读"具体以何种比例和形式组合,则视具体的人才培养目标和培养条件而定。半工半读将"读"和"工"结合,使教、学、做有机地融为一体,这有利于学生技能的形成,有利于学生的全面发展,是教育与生产劳动相结合培育人才的一种有效形式。

二、半工半读的理论基础

半工半读是教育与生产劳动相结合培育人才的一种形式,它使教、学、做有机地融为一体,有利于学生的技能形成和全面发展。根据对半工半读理论和实践的分析,我们认为,半工半读的理论基础主要为人的全面发展理论、"教学做合一"理论和技能形成过程理论。

(一)人的全面发展理论

马克思主义经典作家认为,人的全面发展是指人的体力劳动与脑力劳动相结合,是人的体力和智力充分、协调、自由发展;人的全面发展,最根本

---

[1] 耿洁. 工学结合及相关概念浅析[J]. 中国职业技术教育,2006,(35):14.

的是要发展人的劳动能力，其主要特征是智力和体力尽可能多方面地广泛、充分、自由、统一发展，实现脑力劳动和体力劳动相结合。这是经济学范畴的马克思主义"人的全面发展"理论，它并不包括道德因素在里面，因而不能成为我国当前教育方针的唯一理论基础。

教育学范畴的马克思主义"人的全面发展"理论，除了马克思主义经典作家关于个人全面发展学说中特定的内容外，还包括道德、审美等方面的发展。在这一理论中，"人的全面发展"是人的全面、和谐和自由的发展，是社会人的全面生成，包括人的身和心两个方面的全面、协调发展。身是指身体，身的发展即体力的提高和体质的增强，心是指精神，心的发展即智慧、道德和审美的发展。[1]

职业技术教育促进人全面发展的功能，主要体现在两个方面：一是对受教育者实施德育、智育、体育、美育、职业技术等全面教育，使人实现全面发展；二是职业技术教育把教育同生产劳动紧密结合起来，使人实现全面发展。[2]

（二）"教学做合一"理论

"教学做合一"理论最先来源于美国教育家杜威的"做中学"思想。杜威认为，"做中学"就是从经验中学习。他从经验主义哲学出发，认为只要把所做的事与所发生的影响联系起来，就能发现事物的前因后果等关系。所以他主张在功课上应把用心和用感官结合起来，在知识学习上应把"思维"和"直接用实物的作业"结合起来。[3]在我国，"教学做合一"的实践首先以引入"做"为逻辑起点，逐步发展为"教学合一"、"学做合一"、"教学做合一"，张謇和黄炎培在此过程中进行了积极的实践与探索，陶行知在两位前辈教育思想和实践的基础上，结合中国国情，创造性地实践杜威的教育思想，提出了"教学做合一"的理论。

---

[1] 涂俊礼.关于人的全面发展理论渊源的思考[J].教育探索，2006，（2）：58-59.
[2] 纪芝信.职业技术教育学[M].福州：福建教育出版社，1995：85-86.
[3] 陈宏毅.实用主义教育与"生活教育"——杜威与陶行知教育理论之比较[J].求索，2003，（4）：179.

"教学做合一"是指以培养经济社会发展所需要的人才为宗旨，教、学活动以做为载体和目标，在做中教，在做中学，在教学中推动做，在做的基础上，实现教学做一体化①。在教、学、做三者中，做是核心。做的要求决定教学的内容，做的方式决定教学的方法，做的过程决定教学的载体，做的活动检验学习的成败、激发学习的兴趣。做的主体是学生，主导是教师。学生通过亲自做的环节，掌握知识，磨练技能，发展兴趣，为将来的职业发展打下坚实的基础。做不是简单的机械运动，而是知识、技术的应用和创新的过程。对于以培养面向生产、建设、服务和管理第一线需要的技能型人才为目标的职业教育来说，从制度上保证将教和学与做融为一体，有利于技能型人才职业素质的养成和技能的培养，有利于人才培养目标的实现。

（三）技能形成过程理论

动作技能的形成过程是指通过练习而逐渐掌握某种外部动作方式并使之系统化的过程，它一般要经历习得、保持和迁移等过程。国内外关于技能形成过程的理论有很多，其中费茨（T M Fitts）和波斯纳（M I Posner）的技能形成过程理论得到了研究者的广泛认同。费茨和波斯纳将动作技能的形成过程分为三个阶段，即认知阶段、联系形成阶段和自动化阶段。②在认知阶段，学习者通过指导者的言语讲解或观察别人的动作示范，或从标志每一个局部动作的外部线索中，试图理解任务及其要求，同时也做一些初步的尝试。在联系形成阶段，练习者逐步掌握了一系列局部动作，并开始将这些动作联系起来。在自动化阶段，一长串的动作系列已联合成一个有机的整体并巩固下来，练习者能根据情况的变化，灵活、迅速而准确地完成动作，能自动地完成一个接一个的动作，几乎不需要有意识的控制。

技能形成过程理论和技能人才培养的实践都表明，动作技能的形成需要长时间的学习和及时的实践练习。在传统的职业教育教学条件下，理论知识

---

① 王飞. 张骞、黄炎培与陶行知对"教学做合一"模式的开拓[J]. 中国成人教育，2008，（1）：117-118.
② 皮连生. 学与教的心理学[M]. 3版. 上海：华东师范大学出版社，2003：161-162.

的教学在前，实践练习在后；在进行理论知识教学阶段，学生只能进行模拟练习，而真实性生产环境下的实践练习往往被安排在较后的实习环节。这样，就使得理论学习与实践练习割裂开来，不利于学生技能的形成。为了保证学生技能的有效形成，职业教育需要将学生的理论学习和实践练习两个环节安排得紧密一些。

（本篇撰写于 2008 年）

半工半读：农村职教的最佳选择

在 2006 年度职成教工作会议暨中职招生工作会议上，原教育部部长周济指出，要积极开展学生通过半工半读实现免费接受职业教育的试点，逐步建立和完善半工半读制度。通过半工半读实现学生免费接受职业教育，既可以满足农村贫困家庭青年学生进一步学习的需求，提高他们的文化素质和技能水平，又能避免没有一技之长的学生过早外出打工，成为低素质劳动力，影响他们个人、所在地区甚至整个国家的长远发展。半工半读制度有助于解决农村职业教育经费短缺的问题，可以调动农村青年学生和富余劳动力学习职业知识和技能的积极性，有利于农村劳动力整体素质的提高，是当前农村职业教育的最佳选择。

一、半工半读制度的历史发展与内涵

（一）半工半读制度的历史发展

中华人民共和国成立后，党和政府非常重视教育事业，坚持"教育同生产劳动相结合"，"普通教育与职业教育并举"的方针。1956 年，社会主义制度在我国基本建立起来，人民对经济文化迅速发展的需要与落后的社会生产力之间的矛盾成为社会的主要矛盾，发展生产力成为全国人民的首要任务。此外，当时教育界内外都在强烈地反思苏联经验，希望开创一条符合我国国情的具有中国特色的教育发展道路。在这样的背景下，刘少奇于 1957 年提出了"两种教育制度"的设想，半工半读制度在我国诞生。

从 1958 年开始，全国展开了一场以"教育与生产劳动相结合"为中心的教育大革命，中共中央提出实行"两种教育制度"的主张，要求大力发展半工半读、半农半读等职业技术学校和业余学校，力图在国家财力投入有限的情况下，通过多种多样的办学形式，使更多的青少年受到教育，为工农业生产输送更多的既有文化知识又懂技术的人才，走出一条符合中国国情的国民教育之路。1959年以后，国民经济连续三年出现困难，教育事业也受到了一定的影响，加上普遍存在办学质量的问题，这类学校大部分未能坚持下去。[①]

从1964年起，随着国民经济的调整、恢复和好转，刘少奇再次倡导推行两种教育制度。由于汲取了以前失败的教训，这一时期的办学质量有所提高。到1965年，全国各地半工半读类学校和学生数都达到了惊人的数目。"文化大革命"期间，随着刘少奇被打成"党内最大的走资派"，由他倡导的"两种教育制度"也被当作"修正主义教育路线"受到批判，半工半读学校几乎全部被撤销，半工半读教育改革以失败告终。

（二）半工半读制度的内涵

半工半读制度是一种学习者一部分时间学习，一部分时间劳动，学习与劳动紧密结合的职业技术教育制度。它有两个重要特点：第一，学生免费接受职业教育；第二，学习与劳动紧密结合。实行半工半读制度的学校通过采取各种措施将学习者的学习和劳动结合起来，并以此作为筹集办学资金的主要渠道，逐步做到经费大部分或全部自给。由于将理论与实践紧密结合了起来，它们培养出来的学生往往具有较高的文化素质、操作技能水平和较强的就业适应能力，深受用人单位的欢迎。

半工半读制度的"工"和"读"都是这种教育形式的目的，学习获得的理论知识，通过劳动的及时运用得以巩固，同时，学习者通过劳动锻炼也获得了劳动技能，真正实现了教育与生产劳动相结合。[②]具体来说，半工半读制度的目的如下：第一，提高学习者的文化素质与操作技能，适应企业实际的需要，消除理论与实践的脱节；第二，增加学生生活收入，减轻家庭负担；

[①] 陈波涌. 半工半读职业教育思潮（上）[J]. 职教论坛，2004，(28)：60-61.
[②] 王华柯. 半工半读教育及其当代意蕴探寻[J]. 西北成人教育学报，2003，(4)：19.

第三，提高就业适应能力，使学习者毕业后到企业马上能进入角色。[①]

其实，半工半读制度是一种在发达国家普遍实行的职业技术教育制度。在 20 世纪 70 年代，美国就普及了工厂与学校合作的制度。同时期，德国 2/3 的职工接受过 3 年以上的"工厂—学校"合作教育，日本也有比较发达的工厂式学校。半工半读职业教育制度为这些国家的经济振兴，提供了高素质的人力资源。[②]如今，已停止 40 余年的半工半读制度在我国再度受到重视。如果能够结合当前我国职业教育的实际和社会发展的需要对其进行改造，赋予其新的时代内涵，它必将为我国经济的发展提供大量的高素质劳动者，为我国和谐社会的建设作出重要的贡献。

二、农村职教实行半工半读制度需要解决的几个重要问题

农村职教要想使学生通过半工半读实现免费接受职业教育，并有效提高其文化素质、操作技能和就业适应能力，需要重点解决好学习费用、教学制度、教学内容和教学方法等四个方面的问题。

（一）学习费用

学习费用问题既关系到农村青年学生和富余劳动力接受职业技术教育的积极性，又关系到农村职教半工半读制度的顺利实行，是农村职教实行半工半读制度需要解决的首要问题。实行半工半读制度的农村职校可以根据自身经济状况对不同经济条件的学习者采取三种不同的收费方式：第一，对部分特别贫困和那些不愿意未见效而先付费的学生，可以采取"零首付"入学，后以"半工"所得报酬的一部分支付"半读"学习费用的方式。[③]这种方式在国外非常普遍，在我国农村职业教育中实行将使得大量本来可能不会接受

---

① 鲁西北. 半工半读的目的[EB/OL]. http://www.douban.com/group/topic/1052582/, 2006-3-23.
② 杨兴文. 黑龙江商务技术学院资深专家熊墨翔倡议——农民工培训要走半工半读之路[N]. 哈尔滨日报, 2006-3-13.
③ 聂建武. 高职院校推行半工半读自力求学的研究与实践[J]. 教育与职业, 2006, (2): 30.

职业技术教育的学生最终接受它并学到一定的知识和技能。第二，对于那些有一定支付能力的学生，可以采取学生先支付部分费用，后以"半工"所得报酬的一部分补充"半读"学习费用的方式。这种方式可以减轻家庭的经济负担，调动家长继续送子女上学的积极性。[①]第三，对于那些有较强支付能力的学生，可以采取由学生自行支付全部学习费用的方式，"半工"所得报酬全部归学生。这种方式有助于解决学校经费紧张的问题。我们认为，上述三种收费方式可以较好地解决学生的学习费用和职校的经费问题，可以根据实际情况作出适当安排，最好能由学生根据经济条件和意愿自由选择。

（二）教学制度

众所周知，"半工半读"并不是要求学生必须一半时间劳动，一半时间学习，而应根据不同专业和工作岗位的特点，适当安排学习和劳动时间，使学习与劳动紧密结合。有的职校（如扬州市天海职业技术学校）采取如下的安排：将三年学制分为两段，第一学年全日制，在校学习，第二、三学年半工半读制，在企业边工作（包括实习）边学习。[②]有人认为，可以采取一学年三学期（每学期四个月）的制度，实行分班间隔学习轮换生产制度，学生一学年中两个学期学习，一个学期参加校办企业全日生产劳动，毕业时参加普通中学统考。[③]以上两种教学制度反映了"半工半读"的两种重要实现方式，即学校与社会企业相结合实现半工半读和学校与自办企业相结合实现半工半读。当然，"半工半读"的教学制度并不仅限于以上两种，不同学校可以根据具体的情况自行制定或选用合适的学制。

（三）教学内容

如前所述，半工半读制度的目的是提高学习者的文化素质、操作技能水

---

① 扬州市天海职业技术学校.半工半读是职教扶贫的有效途径[J].中国职业技术教育，2005，（30）：16.
② 扬州市天海职业技术学校.半工半读是职教扶贫的有效途径[J].中国职业技术教育，2005，（30）：16.
③ 张俊杰.建议为处境不利的青少年举办半工半读学校[J].中国职业技术教育，2001，（9）：40.

平和就业适应能力，学生既要学习又要劳动。因此，实行半工半读制度的农村职校应根据上述特点组织教师研究制定语数外理化等文化基础课和各专业专业课的基本教学内容，并编写相应的教材进行实施。在专业课内容的选择上，应删繁就简，面对实际，讲求实效，不拘泥于现行的规定教材，不盲目地以普通中学作为衡量质量的标准，也不求与高等职业教育接轨。[①]在文化基础课内容的选择上，一方面要注意学生生活和工作方面的基本文化需求，另一方面要为专业课的学习服务。

（四）教学方法

职业教育教学活动由以文化知识、专业技术理论知识为主的理论课教学和以动作技能、生产能力为主的实践课教学两部分组成。[②]实行半工半读制度的农村职校教学方法的选择应以实现其教育目的为准绳，突出实践课教学，突出理论课教学的重点，并要充分考虑学习者的身心发展特点。

三、农村职教实行半工半读制度的前景

由于具有收费方式灵活、理论与实践紧密结合等重要特点，农村职教实行半工半读制度可以为大量农村人员提供优质的职业技术教育服务，有助于农村劳动力整体素质的提高，将会为建设社会主义新农村和解决"三农"问题提供良好的人力资本。

（1）"半工半读"使农村贫困青年学生和富余劳动力学有所成，靠知识和技能致富，并带动周围农民致富

实行半工半读制度的农村职校由于收费方式灵活，将会吸引大量农村青年学生和富余劳动力学习职业知识和技能。而且，由于它既重视理论教育，又突出实践教学，使理论与实践紧密结合，因而培养出来的学生具有较高的文化素质、操作技能水平和较强的就业适应能力。当这些人学有所成之后，

[①] 刘丽娜. 工学结合半工半读实现职业教育改革和发展新突破[J]. 职业技术，2006，(4)：9.
[②] 周明星，等. 职业教育学通论[M]. 天津：天津人民出版社，2002：158.

他们或者自主创业，或者外出务工，都会很快凭借自己的知识和技能致富，进而会直接或间接地带动周围农民致富。

（2）"半工半读"使农村职校积累起大量的资金和丰富的经验，从而为更多的农民提供更优质的职业技术教育服务

实行半工半读制度的农村职校在开始阶段可能会需要一定的外部经济援助，如政府资金支持、社会捐助、学生部分分担学习费用等。随着学校培养学生数量的增加和质量的提高，学校从学生"半工"所得报酬中提取的部分和从合作企业得到的资助除了维持正常的运营外，还会有越来越多的盈余。而且，学校还会在办学过程中逐渐积累起丰富的经验，这些都会使得学校的办学水平和条件得到较大的改善，从而可以为更多的农民提供更优质的职业技术教育服务。

（3）"半工半读"使农村劳动力整体素质提高，为建设社会主义新农村和解决"三农"问题提供良好的人力资本

农村职教实行半工半读制度可以为广大农村人员提供优质的职业技术教育服务，不仅可以提高他们的技能水平，还能够提高他们的文化素质，因而有助于农村劳动力整体素质的提高，这将会为建设社会主义新农村和解决"三农"问题提供良好的人力资本。

"半工半读"有助于解决当前农村职业教育经费短缺的问题，有利于农村劳动力整体素质的提高，将会为建设社会主义新农村和解决"三农"问题提供良好的人力资本，为我国和谐社会的建设作出重要的贡献。因此，"半工半读"是当前农村职业教育的最佳选择，在农村职业教育中应逐步建立和完善半工半读制度，为建设社会主义新农村和解决"三农"问题提供大量高素质的劳动者，为国家的经济建设和社会发展服务。

（本篇撰写于2006年）

高职合作式操作技能教学模式探究

操作技能是一种在实际活动中操纵某种装置的特殊的动作技能，其培养是高等职业教育高素质技能型人才培养目标实现的关键。针对传统"示范——讲解——操作练习"教学模式存在的"不重视师师、师生和生生之间的互动"和"不重视学生的主观能动性"等不足，我运用相关理论对其进行改进，提出了一种新的技能教学模式——合作式操作技能教学模式。本文对其理论依据、内涵、特点和实践要点等进行了比较全面的阐述，希望对提高高职高素质技能型人才操作技能的培养效率有所帮助。

一、合作式操作技能教学模式提出的理论依据

（一）技能形成过程理论

费茨和波斯纳将动作技能的形成过程分为认知阶段、联系形成阶段和自动化阶段等三个阶段。[①]在认知阶段，学习者试图理解任务及其要求，同时也做一些初步的尝试。在联系形成阶段，练习者逐步掌握了一系列局部动作，并开始将这些动作联系起来。在自动化阶段，一长串的动作系列已联合成一个有机的整体并已巩固下来，练习者能根据情况的变化，灵活、迅速、准确、自动地完成动作。

（二）合作学习的理论

合作学习是以异质学习小组为基本形式，以团体成绩为评价标准，系统利用教学动态因素之间的互动促进学生的学习，师生共同达成教学目标的一

---

① 皮连生. 学与教的心理学[M]. 3版. 上海：华东师范大学出版社，2003：161-162.

种教学活动，其基本理念主要包括互动观、目标观、师生观、形式观、情境观和评价观[①]等几个方面的内容，其理论基础是社会互赖理论、选择理论、发展理论、精制理论和接触理论。在合作学习中，积极互赖、面对面的促进性相互作用、个人责任、社交技能和小组自评等五个要素不可缺少。

（三）师生互动的理论

师生互动是指教师与学生之间相互的行动、行为，它是"师生双方特征结合的产物"或"交往的结果"。师生互动融知识传输、操作训练和组织管理于一体，它的有效运行不仅表现为教师善于施教、精于指导和适当监控，同时亦表现为学生乐于学习、勤于创新和勇于自律。在教育社会学家吴康宁提出的师生互动模式中，师生互动包括教师对互动情境的界定过程、学生对互动情境的界定过程、教师与学生的碰撞过程、教师与学生的调整过程等四个过程。[②]

二、合作式操作技能教学模式的内涵

（一）合作式操作技能教学模式的概念界定

所谓合作式操作技能教学模式，是指以异质学习小组为基本形式，以团体成绩为评价标准，以学生获得操作技能作为教与学的共同目标，系统利用教学动态因素之间的互动促使学生经过练习而获得完善化的动作方式的一种技能教学模式，它实际上是一种操作技能的合作教学模式。其中，"异质学习小组"是指由性别、学业成绩、能力倾向、民族等方面不同且相互之间存在一定互补性的成员组成的合作学习小组，每组优、中、差三个层面的学生都有，且中等生占多数；"教学动态因素"是指教师和学生，教师包括操作技能传授教师和与此教师就所教内容进行互动的教师，学生分为单个的学生、各个小组的学生和全班学生三种类型。

---

① 王坦. 论合作学习的基本理念[J]. 教育研究，2002，（2）：68-72.
② 吴康宁. 教育社会学[M]. 北京：人民教育出版社，1998：292.

（二）合作式操作技能教学模式的基本环节

合作式操作技能教学模式包括九个基本环节：

1. 合作设计

在了解教学内容的基础上，教师和学生合作设计出教学目标，然后用术语清楚地陈述目标。了解教学内容分为教师和学生两个方面的要求。教师了解教学内容的做法为在课前备课，包括就教学内容与相关的教师进行互动。学生了解教学内容的做法有两种，一种为学生在课前预习，另一种为教师在课堂上组织学生翻阅教材。较好的做法是安排学生在课前预习。

2. 小组理论学习

按照"组内异质，组间同质"的原则将全班学生分成若干异质学习小组，让各组的成员在一起进行理论学习，学习动作任务及其要求。小组学习时，教师应给予学生足够的时间，使其充分讨论交流，以使每组成员较好地理解所学内容，并就问题达成共识。

3. 理论学习的反馈与评价

各组每次轮流派一名成员汇报本组学习情况，讲解所学内容，其他组员可补充。教师在每个小组汇报后，分别对其学习情况做出反馈。在所有小组都汇报完后，教师再对各组的学习情况进行综合评价，评价对各组的自主学习、参与程度、学习效果等指标进行总体考察。为了体现评价的公平性，要根据学生以往的成绩将各小组中优、中、差各个层次的学生分别安排在一起进行评价。

4. 归纳讲解，动作示范

教师根据教学内容和学生合作学习的情况进行归纳和补充，帮助学生建构和完善知识结构。同时或稍后，教师针对教学内容进行动作示范。讲解宜简单扼要，示范应将技能中的每一个动作都清楚地展示给学生。

5. 小组操作技能练习

学生根据教师或同学的讲解和示范去理解操作技能学习任务及其要求，并尝试去发现操作技能的构成规律。在逐步掌握了一系列局部动作之后，学生慢慢地将这些动作联系起来，并通过反复练习，使动作达到自动化。在小组进行操作技能练习的时候，教师应在各组间来回察看，若发现有学生动作不规范，立即指出，并作讲解示范。并且，各个学生应关心本组成员的练习情况，发现问题，立即指正。在这一环节，教师应给学生足够的时间，以便其反复练习与交流，掌握动作要领。

6. 操作技能初步测试

以小组为单位进行操作技能初步测试，教师根据学生掌握操作技能情况和配合情况给小组评分，作为小组最终成绩的一部分。每组测试完成后，教师立即指出其存在的问题，并作讲解示范。待所有小组都完成后，教师对各组进行综合评价，指出可取和不足之处，提示大家借鉴或注意。

7. 小组更正、巩固练习

各小组根据教师的反馈、讲解和示范进行更正和巩固练习。小组成员要互相提示和指导，以便大家有效更正先前练习中形成的错误动作，这是这一环节的重点。在更正错误动作的基础上，小组成员反复进行练习，逐步巩固所学操作技能。

8. 操作技能最终测试

各小组依次进行操作技能测试，教师根据学生掌握和配合情况给各组评分，作为小组最终成绩的一部分。每组测试完成后，教师立即指出其存在的问题，进行讲解与示范。待所有小组都完成后，教师对各组进行综合评价，指出可取和不足之处，提示大家借鉴或注意，并对学生课后的进一步练习巩固和对后续内容的预习进行指导。

9. 学生课后巩固练习

在课后，学生以个人或小组的形式进行练习，进一步巩固所学操作技能。

在这一环节，由于受到时间、地点和器械等因素的限制，学生应该以心理练习为主，辅以适当的身体练习。学生若对操作技能有所遗忘，应及时向其他同学或老师请教，并作巩固练习。

在上述环节中，前八个环节由教师指导在课内进行，第九个环节和第一个环节涉及的"课前预习"由学生遵循教师课内指导在课外自主进行。学生的成绩由理论学习成绩、操作技能测试成绩和学习表现成绩三部分组成，其中操作技能测试成绩又分为初步测试成绩和最终测试成绩两个部分，且后者所占比例应大于前者。

三、合作式操作技能教学模式的特点

与传统的操作技能教学模式相比，合作式操作技能教学模式具有两个特点：一个是多元互动，另一个是及时反馈与指导。

（一）多元互动

与传统的操作技能教学模式中的教学互动不同，合作式操作技能教学模式不再局限于师生之间的互动，而是将教学互动推延至教师与教师、学生与学生之间的互动。

教师与教师之间的互动是教学的前导性因素，是教学过程的一个不可或缺的环节。教师与教师就所教授的内容进行互动，可以相互启发和补充，实现思维和智慧的碰撞，从而使原有观念更加科学和完善，有利于教学目标的达成。

学生与学生之间的互动是教学系统中尚待进一步开发的宝贵的人力资源，是教学活动获得成功的不可缺少的重要因素。学生与学生之间就某项共同的任务进行互动，互相学习和帮助，实现优势互补，从而有序、有效地完成小组任务。

教师与学生之间的互动是教学中的一种公认的重要互动。在技能教学过程中，师生双方不断解释对方所作反应，并随时采取相应对策，师生良性互

动的结果作用于智力水平、知识经验与理论、动机、讲解与示范、反馈、练习和反思等影响操作技能形成的因素，从而促进学生操作技能的形成。

（二）及时的反馈与指导

在合作式操作技能教学模式中，学生能得到及时的反馈与指导，这大大地减少了学生花在错误动作上的时间，提高了操作技能学习的效率。

学生所得到的反馈与指导分为两种，一种来自授课教师，另一种来自本组和邻近小组的同学。教师在理论学习的反馈与评价、操作技能初步测试和操作技能最终测试等三个环节中专门、及时地针对各小组学生的理论知识学习或操作技能练习做出反馈与指导。而且，在各小组进行理论学习和动作练习的过程中，教师来回在各组间走动，学生若有错误或疑问，会得到及时的反馈或指导。教师的及时反馈与指导有利于学生迅速形成正确的动作概念，掌握动作要领，对提高学生操作技能学习的效率具有重要的作用。来自同学的及时反馈与指导也有利于学生动作要领的掌握和错误动作的更正，对学生操作技能的掌握有着重要的影响。在合作式操作技能教学模式中，学生主要得到本小组同学的反馈与指导，有时也会得到邻近小组同学的反馈与指导。

四、合作式操作技能教学模式的实践要点

为了保证高职技能教学顺利进行，有效提高学生操作技能学习的效率，在合作式操作技能教学模式的实践中需要注意以下几个重要问题：

（一）异质小组的组织

组织异质小组时至少应作如下两个方面的基本考虑：第一，每个小组要由性别、学业成绩、能力倾向、民族等方面不同且相互之间存在一定互补性的成员组成，其中既有优等生也有差等生，但大部分为中等生；第二，各小组总体水平要求基本一致，每个小组都应是全班的缩影或侧面。

(二)学习时间的安排

为了在有限的时间内完成较多的教学环节并达到较高的质量要求,教师需对时间做出精心的安排。一是课外时间的安排。学生在课外有两个重要任务,即课前预习和课后练习巩固。教师应给出明确的要求或提示,以便巩固先前学习的效果和保证后续学习的顺利展开。二是课堂时间的安排。理论知识学习、操作技能练习与测试以及教师的反馈与指导等重要活动各占多少时间,需要教师根据教学目标、教学内容、学生特点与学习状况作出适当的安排。

(三)合作方法的指导

如果仅有合作的形式而没有合作的方法,那么这种合作的形式就成了低效或无效的教学的点缀。因此,在合作式操作技能教学中,合作的方法是非常重要的,教师应就此对学生进行专门的指导。合作式操作技能教学中的合作方法,主要是指社会交往的方法。为了顺利达到操作技能教学的目的,学生要学会与教师、本组同学以及其他同学进行交往,要能够恰当地表达自己的观点,能够维持、辩护自己的观点,能够善解人意,甚至适当地妥协。

(四)不良互动的防治

如前所述,多元互动是合作式操作技能教学模式的一个重要特点,对操作技能的学习具有积极的促进作用。但是,如果教师与学生、学生与学生之间形成了不良互动,也会对操作技能的学习产生不利影响,甚至会危害师生的身心健康。因此,在采用合作式操作技能教学模式之前,应对此有清楚的认识,并制订出合理的预防和治理方案。要以预防为主,防患于未然。一旦不良互动真的出现,要迅速采取预定方案进行治理,以保证操作技能教学的质量,保证师生身心健康发展。

(五)实质互动的实现

在当前的中小学教学改革中,存在着师生形式互动代替实质互动的现象。

在这样的情况下，师生互动活动主要具有信息的单向性、被动性、贫乏性和极端性等特征，师生双方未能很好地实现感情沟通、思维激发与信息交流。[①]同样的情况也存在于一些高职技能教学背景下的师生互动之中，这不利于学生操作技能的有效学习。为了改变这种状况，应当将教师按照教案控制课堂和学生转变为师生共同创造课堂、深化经验、提升生命的过程，实现师生的实质互动。这种转变要求将教师置于学科心理学化的中心，要求教师职前教育关注到帮助职前教师变成教师，而不仅是把注意集中于教会职前教师去教学。[②]

（本篇撰写于 2008 年）

[①] 岳欣云. 师生互动：从形式走向实质[J]. 当代教育科学，2004，（14）：25.
[②] Cole, A L & J G Knowles. Shattered images: Understanding expectations and realities of field experience [J]. *Teaching and Teacher Education*, 1993, 9（5/6）: 457-471.

终身学习时代的动作技能培养途径探讨

目前，全国许多地区和行业仍然普遍存在技能劳动者供不应求的现象，技能劳动者尤其是高技能人才的大量匮乏，成为制约企业持续发展和阻碍产业升级的"瓶颈"。我国技能人才短缺，除了经济发展对技能人才的需求大、社会认知偏差影响了人们从事技能劳动的积极性、教育发展不平衡造成供给不足和企业"只使用，不培养"的做法造成职工技能水平偏低[1]等原因外，动作技能形成过程复杂、周期长也是一个重要原因。通过长期、反复地学习、实践与反思，不断提高自己的能力，这既是技能人才动作技能培养的正确方法，也是终身学习时代技能人才培养的一般方法。本文分析了终身学习时代的几种动作技能培养途径，希望能够对技能人才动作技能的培养和技能人才短缺问题的解决有所帮助。

一、终身学习的内涵与特点

终身学习的思想，古今中外早已有之。但现在一般认为，终身学习概念出现在 20 世纪 60 年代后期，它的形成首先是在终身教育理念的产生以及这一理念在全世界得到广泛认同并流行的基础上，继以"学习社会"理念的产生为契机，再由国际组织积极推广和倡导，经历了一系列的发展和深化的过程之后，而得以产生的。[2]

目前，被学术界普遍认为最具有权威性、认同程度最为广泛的是由欧洲

---

[1] 高技能人才短缺现象探析[EB/OL]. http://www.zzmie.com/Article_Show.asp?ArticleID=4319, 2006-6-14.
[2] 吴遵民. 终身学习概念产生的历史条件及其发展过程[J]. 教育评论，2004，（1）：50-52.

终身学习促进会所提出的有关终身学习的定义：终身学习是通过一个不断的支持过程来发挥人类的潜能，它激励并使人们有权力去获得他们终身所需要的全部知识、价值、技能与理解，并在任何任务、情况和环境中有信心、有创造性和愉快地应用它们。它有两层含义：一是从历时形态来看，它贯穿于个人的终生。二是从共时形态来看，它打破了制度化教育的体系，包括正规教育和非正规教育在内的所有教育形式。这一定义由于被"首届世界终身学习大会"采纳而最终成为一个相对全面和完善的定义。

终身学习的主要目标和核心内容，是为所有学习者打下良好的知识基础和形成广泛的工作能力。[1]良好的知识基础能帮助人们寻找、解析并批判从各种资源中所获得的信息，并掌握其具有价值的意义；广泛的工作能力则能帮助人们从不断的教育训练中去获得新的就业知识和能力，以适应就业市场瞬息万变的调整。在这方面，学校如何发挥作用，是人们所期待的。

终身学习是以学习者为中心，以自主和能动的自我导向学习为核心，以自觉、主动、渴望学习为其基本要求，以注重过程、强调连续、与时俱进、始终不辍为其基本特征的学习理念，[2]是一种个体发挥创造潜能、追求自身发展的自我塑造、自我、追求自身发展的自我塑造、自我实现的过程，是"一种生活方式，一种增长自己的声望、社会影响和适应能力的手段"。

二、影响动作技能形成的因素

动作技能的形成受许多因素影响，国内已有一些研究者对此进行了研究。

一些著名心理学家在他们的著作中论述了影响动作技能形成的因素。在邵瑞珍、皮连生和叶奕乾等的著作[3]中都论述了影响动作技能形成的因素，其中讲解与示范、练习（包括反馈）是大家公认的因素。在叶奕乾等的著作

---

[1] 吴遵民. 终身学习概念产生的历史条件及其发展过程[J]. 教育评论，2004，(1)：49.
[2] 程锦山. 终身学习与职业人生[J]. 中国职业技术教育，2004，(8)：30.
[3] 邵瑞珍. 教育心理学[M]. 2版. 上海：上海教育出版社，1997：167-175；皮连生. 学与教的心理学[M]. 3版. 上海：华东师范大学出版社，2003：162-182；叶奕乾，何存道，梁宁建. 普通心理学（修订版）[M]. 上海：华东师范大学出版社，1997：411-429.

中还提到了动机水平、知识经验与理论两种因素[①]，我们也认同这两种因素。在莫雷的著作[②]中论述了促进动作技能学习的条件，这些条件实际上也就是影响动作技能形成的因素。我们赞同他提出的将学习动机、生理成熟水平和知识经验、智力水平以及人格特征等作为内部学习条件，以及将科学的指导（讲解与示范）作为外部学习条件的观点，但认为应该将"学习动机"改为"动机"；应该根据影响大小的不同将内部学习条件的顺序调整为生理成熟水平、智力水平、人格特征、知识经验与理论、动机，而且应将反馈而不是练习作为外部学习条件。我们认为练习是一种影响动作技能学习的重要策略。

宋兴川等用实证的方法对影响动作技能形成的因素进行了研究。[③]他们通过访谈发现，影响技能形成的重要因素有实践练习、敬业精神、兴趣、学习方式（师徒学习、琢磨、合作学习）、智力悟性和反思。在该研究中，实践练习实际上是指其他研究者所说的练习，敬业精神与技能人才人格中的有恒性特征是一致的，合作学习是一种有利于充分利用各种有利条件进行技能学习的有效方式，智力悟性实际上是指其他研究者所说的智力水平。我们认为，反思和琢磨可作为存在于动作技能学习全程中的反思，动机比兴趣对动作技能形成的影响更大。

此外，还有一些研究者对运动或动作技能形成的影响因素进行了研究，但这些研究的结论几乎都包含于前述观点之中，尽管表述有所不同。

国内关于技能形成影响因素问题的研究起步相对较晚，大多数研究都是在国外相关研究的基础上进行的，或在研究过程中大量借鉴了国外相关研究的成果，其观点基本包含了国外相关研究者的观点。

基于以上分析，并结合动作技能形成过程理论[④]，我们认为，影响动作

[①] 叶奕乾，何存道，梁宁建. 普通心理学（修订版）[M]. 上海：华东师范大学出版社，1997：455-457.
[②] 莫雷. 教育心理学[M]. 广州：广东高等教育出版社，2005：268-275.
[③] 宋兴川，张琪，张志华. 技能形成过程影响因素研究[J]. 职业技术教育（教科版），2005，(22)：60-63.
[④] 皮连生. 学与教的心理学[M]. 3版. 上海：华东师范大学出版社，2003：161-162.

技能形成的因素有生理成熟水平、智力水平、人格特征、知识经验与理论、动机、讲解与示范、反馈、合作学习、互动、练习和反思。

三、终身学习时代的动作技能培养途径

在《构建21世纪的职业技术教育体系》一文[①]中，黄克孝等四位职教专家指出：职业技能的养成并不全靠学校教育，参加实际工作，在岗位上学习往往能起同样的效果，甚至效果更好。此外，参加企业等场所的职业技术培训，或者运用新的媒体进行自学也都是重要的学习方式。在这里，他们实际上也指出了终身学习时代的四种动作技能培养途径，即：工学结合途径、实践学习途径、技能培训途径和自我学习途径。

（一）工学结合途径

在"工学结合途径"中，"工"是指实践，它既包括在模拟环境下的实践练习，也包括在真实生产环境下的生产性实践活动。这二者在学习者动作技能的培养中都是必要的，而且后者对动作技能的熟练掌握十分关键。"学"是指理论学习，它既包括课堂上的理论学习，也包括课外的与动作技能培养有关的理论知识的学习。动作技能的形成需要长期、反复地学习和实践。在学校教育阶段，通过工学结合的途径，将理论学习与实践有机结合起来，可以有效实现学习者动作技能的培养。

工学结合在专业和岗位的结合程度有三种，一是工与学完全对口，二是工与学部分对接，三是工与学完全无关；工学交替有多种形式，如"1+1+1""1+2""2+1"等；工学结合的形式多种多样，关键是加强"工"与"学"的关联度[②]。

[①] 黄克孝，石伟平，郭扬，等. 构建21世纪的职业技术教育体系[J]. 中国职业技术教育，2004，（2）：40.
[②] 邢晖. 多角度解析"工学结合、半工半读"[N]. 中国教育报，2006-11-15（10）.

(二）实践学习途径

学习动作技能的最终目的，是应用它解决工作实际中的各种问题。将动作技能应用于工作实际，既是一个检验先前动作技能学习质量的过程，又是一个解决实际问题的过程，还是一个发现新问题并提升动作技能水平的过程。在这个过程中，学习者可以根据工作实际判断先前学习的动作技能及其学习方法的正误，进而在后续的技能学习中加以改正。在这个过程中，学习者会遇到很多疑难问题，虽然他知识贫乏，但当他全力以赴探讨感觉需要解决的疑难时，他会肯于动脑筋，这样，他的动机会得到很好的激发，他的智力水平会因大脑得到了良好的锻炼而提高，他的知识经验与理论积累也会有一定程度的增加。在这个过程中，学习者也会对自己所遇到的各种问题、所具备的条件以及自己解决问题的方法等各方面的问题进行反思，不断发现并攻克各种问题，从而不断提升自己的动作技能水平。

在实践学习途径中，学习者主要是通过自己的大量的练习、学习与反思来提高自己的动作技能水平，但他也会通过与周围的同事特别是那些有着丰富实践经验的同事合作以及向他们学习来使自己的动作技能水平得到提高。

（三）技能培训途径

在真实生产环境下的生产性实践活动对动作技能的熟练掌握十分重要，但是为了掌握高水平的动作技能，理论知识的学习也必不可少，因为知识愈丰富，对克服技能学习的难点愈有帮助，而且理论可以加速技能的获得，可以免去或减少学习中的错误。当然，一旦学习者走上了实践工作岗位，就很难像学生时代那样有充裕的时间去进行系统的理论知识学习了。因此，接受技能培训就成了他不断提高自己动作技能水平的必要的经常性的选择。

在技能培训中，学习者补充新的理论知识和技术，熟悉新的设备，并有针对性地练习一些动作技能，可以聆听培训教师的讲解，得到他们的反馈与启发，这些将为学习者提供丰富的知识经验与理论以及有效的动作技能练习，并促使他不断地进行反思，这将有助于学习者不断提高自己的动作技能水平。

（四）自我学习途径

动作技能培养的自我学习途径包括完全自我学习途径和部分自我学习途径两种。"完全自我学习"是指学习者凭借动作技能教学教材、相关参考书及教学音像资料等自己学习动作技能理论，然后自行创造或利用相关实践条件进行练习，从而掌握动作技能。"部分自我学习"是指学习者在教师或师傅的理论讲授和实践指导之外，通过查找资料（包括动作技能教学教材、相关参考书及教学音像资料）、摸索练习和请教他人等方式，不断提高自己的动作技能水平。在终身学习时代，单纯利用完全自我学习途径进行动作技能学习的学习者较少，大多数学习者都是结合工学结合途径、实践学习途径或技能培训途径进行部分自我学习，有效掌握动作技能。

（本篇撰写于 2007 年）

"中国创造"背景下高技能人才培养策略初探

在哈佛大学商学院举行的"亚洲商业论坛"上，中星微电子董事长邓中翰博士提出，"MADE IN CHINA"不能简单翻译成"中国制造"，而应译成"中国制造"加"中国创新"，等于"中国创造"。[①]邓博士提出的这个公式形象地指出了"中国创造"背景下高技能人才的培养策略。

一、"中国制造"背景下高技能人才的培养策略

近年来，针对我国制造业生产一线掌握先进制造技术的高技能人才严重短缺的状况，研究者们进行了大量的研究，提出了一些被实践证明了的培养高技能人才的有效策略[②]：

（1）加强正确的舆论导向。要迅速确立并大力宣传科学的人才观、成才观，改善人们对高技能人才的片面认识，调动人们争当高技能人才的积极性。提倡爱岗敬业和岗位成才，营造"尊重劳动、尊重知识、尊重人才、尊重创造"的良好社会氛围。

（2）建立健全高技能人才培养的政策法规体系。要建立健全高技能人才的评价、使用与管理机制，完善高技能人才的开发、培养、评价、使用、配

[①] 孙德龙.邓中翰：中国制造+中国创新=中国创造[N].中国青年报，2006-2-7.
[②] 洪伟峻.试论我国高技能人才短缺的原因及对策[J].湘潭师范学院学报（社会科学版），2005，（2）：51-52；杨河清，吴江.高技能人才培养之不足及对策[J].中国培训，2005，（2）：9；齐仲锋，苏列英.我国高级技能人才稀缺的原因及对策建议[J].人才资源开发，2005，（1）：34-35；向守源.加快高技能人才培养 为建设具有国际竞争力的跨国企业集团提供技能人才保障[J].石油教育，2004，（1）：15；丁大建.高技能人才的短缺与价值评价错位[J].中国高教研究，2004，（5）：57；于清笈，刘德胜.借鉴欧洲企业高技能人才培养经验 提高我国人才队伍素质[J].中国机电工业，2004，（6）：38.

置等有关政策措施，为高技能人才的培养提供有效的法律依据。

（3）正确把握高技能人才的发展目的。高技能人才的发展应该以全面提高劳动者素质为目的，在着重提高他们的操作技能之外，也应当努力提高其文化素质、身体素质、心理素质和思想道德素质，以促使高技能人才全面发展。

（4）完善高技能人才选拔机制。要通过举办技能竞赛、练兵比武和技术创新等多种形式的活动，在各行业和职业领域不断发现和选拔具有高超技能的人才。

（5）改进技能人才评价方式。努力完善现有国家职业标准，加快建立起新的技能人才评价体系，进一步改革完善社会化的职业技能鉴定工作，大力推广企业生产现场、学校教学过程和国家职业标准相结合的考核方法，不断扩大职业资格证书的覆盖范围。

（6）建立高技能人才开发交流机制。依托大中城市的高级技工学校、技师学院，以及企业集团、公共职业介绍机构，建立高技能人才开发交流工作站，并充分发挥技师在技术攻关、传授技艺、传播技能等方面的重要作用。

（7）提高高技能人才的待遇水平和社会地位。加快建立职工凭技能职业资格得到使用提升，凭业绩贡献确定收入分配的使用待遇机制。大力推广高技能人才与其他相应专业技术人才在工资福利方面享受同等待遇的做法。积极争取地方政府建立津贴制度，提高高技能人才待遇水平。加大对高技能人才的表彰奖励力度，提高他们的社会地位。

（8）建立健全人才保障机制。进一步完善社会保障制度，将企业各类人才全部纳入社会保障覆盖范围，并注意向生产、服务一线的高技能人才倾斜。

二、"中国制造"向"中国创造"的转变

随着世界制造业向中国转移的加速与加大，越来越多的人认为，中国不应该再走依靠汗水的"广种薄收"式的发展路线，现在必须要从"中国制造"

转向"中国创造"。留美博士黄振春便是其中的一位。黄博士回国前入股家乡一个企业，生产摩托车阀门，做一个挣 0.45 元。回国后创办一个高科技企业，生产一个拥有自主知识产权的芯片，可挣 1500 元。他说，"制造"和"创造"是两重天，在当前中国劳动力比较优势正在削弱的情况下，"中国制造"应走向"中国创造"。

"中国制造"能否向"中国创造"转变，关键在人才。"中国制造"要走向"中国创造"，必须要有大量的创新人才。因此，一方面要提高现有人才的知识含量和创新意识，以满足社会所需；另一方面，要形成尊重知识、尊重人才的良好社会风气，为创新人才的成长营造一个良好的社会环境；此外，要大力引进和培养包括生产一线的高技能人才在内的科技创新人才，注重人才激励创新，以解决人才瓶颈，实现从"中国制造"到"中国创造"的转变。[①]

三、"中国创造"背景下高技能人才的培养策略

从"中国制造"到"中国创造"是一个过程，没有"中国制造"就没有"中国创造"。因此，"中国创造"背景下高技能人才的培养策略与"中国制造"背景下高技能人才的培养策略是有着密切联系的。在"中国创造"的初级阶段，高技能人才的培养可以大体沿用"中国制造"背景下高技能人才的培养策略，但应增加"中国创新"的成分，即要注意高技能人才创新能力的培养。具体策略如下：

（一）高技能人才培养者在培养过程中要适当加强创新能力的培养

创新能力是指在创新活动中表现出的能力，即直接影响创新活动效率的能力。从信息社会、知识经济和个体的能力表现等角度来看，创新能力包括以下五种基本成分：寻求与发展信息的能力、加工与超越信息的能力、实际操作能力、竞争与合作的能力、自我反省与监控能力。[②]在上述五种能力中，

---

① 单永贵. "中国制造"走向"中国创造"之策[J]. 决策探索，2005，（6）：24-25.
② 燕良轼. 创新素质教育论[M]. 广州：广东教育出版社，2002：55，204.

实际操作能力是高技能人才培养者十分重视的，竞争与合作的能力也受到了一定程度的关注，但寻求与发展信息的能力、加工与超越信息的能力以及自我反省与监控能力却往往不被重视。因此，为了满足"中国创造"背景下我国经济社会的发展对高技能人才的要求，在高技能人才的培养过程中要适当加强其创新能力特别是寻求与发展信息的能力、加工与超越信息的能力以及自我反省与监控能力的培养，要结合培养条件和高技能人才成长的实际，合理安排能够培养高技能人才上述能力的活动。

（二）高技能人才要努力提高自身的创新需要的个人素质

创新活动从本质上来说是一种决定于创新者的创造能力和创新素质的活动。因此，创新者的创新素质在创新活动中占据着重要的位置。创新者应该具备如下个人素质：要有为人类、为理想而献身的科学精神；要坚强的毅力和积极进取的人生态度；要有坚定的信念和批判的革新精神；要有辩证唯物主义的观点，懂得一些辩证法；要有不怕犯错、知错即改的广阔胸怀；要了解自己的个性特点，不断完善自己的个性品质。[①]

根据创新能力结构理论，具备较强的实际操作能力和一定的竞争与合作能力的高技能人才无疑已具有一定的创新能力，但是在"中国创造"的新的时代背景下，他们的创新能力还有待进一步提高。提高高技能人才的创新素质，并在实践中进一步发展、转化为创新能力，这是"中国创造"背景下培养高技能人才应该采取新的策略，此时高技能人才个体所需要做的，是努力提高自身创新需要的个人素质。

在2005年全国科学技术大会上，胡锦涛同志提出要建设创新型国家，认为科技创新，关键在人才；杰出科学家和科学技术人才群体，是国家科技事业发展的决定性因素。[②]高技能人才显然属于科学技术人才，也应当为国家科技事业的发展和建设创新型国家重要目标的实现作出自己应有的努力。因

[①] 张建军. 创新的素质[M]. 合肥：中国科学技术大学出版社，2000：74-80.
[②] 胡锦涛. 坚持走中国特色自主创新道路 为建设创新型国家而努力奋斗——在全国科学技术大会上的讲话[N]. 人民日报，2006-1-10（2）.

此，当前及今后的一段时期，我国高技能人才的培养不能仅仅关注和满足于解决高技能人才的短缺问题，而应该与时俱进，为国家的建设与发展培养出创新型高技能人才。

（本篇撰写于 2006 年）

第四部分

技能人才培养条件研究

高职院校"一体化双师型"教师资格标准研究

师资队伍建设是高职院校最重要的基本建设,是保证高等职业教育教学质量的关键,也是面向未来发展职业技术教育的战略任务。[①]当前,教育管理部门使用的"双师型"成为高等职业教育师资的主流描述。"双师型"教师最显著的特征是把专业理论和生产实践结合起来,高效率地教会学生。[②]根据近几年在高职教育管理工作中形成的对双师型教师问题的认识和有关研究成果,我认为高职院校师资队伍建设的理想目标就是每一名专业教师都具备这样的特征,成为"一体化双师型"教师。本文对高职院校"一体化双师型"教师的内涵和资格标准提出了自己的看法,希望对高职院校师资队伍建设有所启示。

一、高职院校"一体化双师型"教师的内涵

(一) 两个相关概念的界定

20世纪90年代初,我国职业教育界基于对职教师资素质的再认识,对职教师资素质用了"一体化"或"双师型"进行表述,现在已经得到行政主管部门和广大职业教育工作者的认可。我国职业教育提出并推行"一体化"或"双师型"职教师资队伍建设的政策,旨在适应职业教育大发展的需要,遵循职业教育的发展规律,走出一条有合格师资支撑的具有中国特色的职业教育发展之路,有效培养大批高技能人才,促进国家经济和社会发展。

---

① 纪芝信. 职业技术教育学[M]. 福州:福建教育出版社,1995:146.
② 李向东,卢双盈. 职业教育学新编[M]. 北京:高等教育出版社,2005:115.

1. "一体化"教师

"一体化"教师的概念是由天津职业技术师范大学（原天津职业技术师范学院）于20世纪90年代初提出的。所谓"一体化"教师，是指教师集理论教学能力和实践教学能力于一体，既能讲授专业理论课，又能指导专业技能训练。这种教师的主要特点是同时具备理论教学和实践教学两种能力。现在，天津职业技术师范大学培养的"本科+技师"毕业生可以作为新型"一体化"职教师资的标志性模式。

2. "双师型"教师

"双师型"教师的概念是在以往职业教育中重理论、轻实践，师资队伍建设和评价上偏重理论水平的情况下，受西方发达国家职教师资素质的启发，最早由上海冶金专科学校的王义澄先生于1990年提出的。它在政策上最早是1995年在《国家教委关于开展建设示范性职业大学工作的通知》[教职（1995）15号]中被提出的。所谓"双师型"教师，是指具有在相关专业、行业领域实际工作的经验，具备一定水平的专业技术职称（如工程师、会计师等），又能讲授专业理论课的教师。这种教师的基本判定依据是同时具备教师系列职称和相应行业专业技术职称。

当然，"双师型"主要是针对专业课教师而言。对文化课和基础课教师提"双师型"要求比较谨慎，一是涉及面太宽，普遍达到"双师"标准的难度很大；二是从教学实际来看，并非普遍必需。[1]

（二）"一体化双师型"教师的内涵

"一体化"是指使密切相关的一种或几种事物成为一个有机联系的整体。[2]其实，"一体化"并不是职业教育的特有需求，普通教育也需要理论联系实际，希望能够将理论与实际融为一体。尽管教育管理部门使用的"双师型"成为当前高等职业教育师资的主流描述，但是理想的高等职业教育教师在专

---

[1] 卢双盈. 职业教育"双师型"教师解析及其师资队伍建设[J]. 职业技术教育（教科版），2002,（10）：40.
[2] 李海燕. 教师教育一体化内涵重析[J]. 高教研究与实践，2007,（2）：11.

业理论知识和专业实践能力上应呈现整合的"一",而不是目前所强调的"双"[①];"双"只是形式,"一"才是其能力的本质。因此,结合我国高等职业教育在长期的发展过程中形成的对专业师资特有的素质要求,我认为,应该整合"一体化"、"双师型"两种"貌离神合"的称谓,把高等职业教育师资的内涵与形式结合起来,将"一体化"教师或"双师型"教师改称为"一体化双师型"教师。所谓"一体化双师型"教师,是指既具有教师系列职称,又具有在相关专业、行业领域实际工作的经验及表征其水平的专业技术职称,集理论教学能力和实践教学能力于一体的专业教师,[②]他们能够有效完成培养高素质技能型人才的任务,是具有职业教育特色的专业教师。

二、高职院校"一体化双师型"教师资格标准

"一体化双师型"师资队伍建设虽然在实践中得到了广泛的认同,但是缺乏可操作的标准。本研究充分考虑高职院校师资队伍的实际情况和高素质技能型人才的培养对"一体化双师型"教师的需求,借鉴相关理论研究成果[③]和高职院校双师型教师评定的实践依据[④],认为高职院校"一体化双师型"教师队伍应自成系列,分为初、中、高三个级别,每个级别的教师都要满足相应的理论教学能力、实践教学能力、技术应用实践、教师系列职称和专业技术职称等五个方面的标准。

在这些标准中,同时具备"理论教学能力"和"实践教学能力"并能将二者有机地融合在一起是最根本的,"技术应用实践"有助于一般的专业课教师做到这一点,并有利于他们理论教学能力、实践教学能力和专业技术职称的提升,有助于他们的专业发展;"教师系列职称"和"专业技术职称"

---

① 黄斌. 深度解读高职院校"双师型"教师内涵[J]. 教育与职业, 2006, (11): 38.
② 何应林. "一体化双师型"[N]. 中国教育报, 2008-5-15(3).
③ 黄斌,毛青松. "双师型"教师资格标准体系初探[J]. 教育与职业, 2006, (30): 41-42;祝士明,张元. 双师度——高职师资队伍建设的有效途径[J]. 职教论坛, 2007, (11): 18-20;余群英. 高职"双师型"教师资格认定探析[J]. 教育发展研究, 2002, (9): 75-77.
④ 天津轻工职业技术学院. 关于"双师"素质教师的认定及相关待遇的规定[Z]. 2008.

是外在的评价依据，是"一体化双师型"教师评定的必要非充分条件，在特殊的情况下，如专业课教师能够将"理论教学能力"和"实践教学能力"有机地融合在一起，而学校又比较缺乏较高级别的"一体化双师型"教师，可以考虑在资格评定时适度调整对这两个方面的要求，如降低对"教师系列职称"的要求，或将对"相应级别专业技术职称"的要求放宽为具有"相应级别职业资格证书"。

三、高职院校"一体化双师型"教师资格标准具体如下：

（一）初级"一体化双师型"教师资格标准

1. 理论教学能力

能熟练地讲解本专业的基本理论知识。

2. 实践教学能力

能独立指导实验，并能辅助别的教师指导实训、实习。

3. 技术应用实践

① 近两年内累计有两个月以上的企业或基层相关岗位工作实践，或校内外技术应用实践；② 近两年主要参与一项校内实践教学设施的建设或技术改造工作，使用效果良好；③ 近两年主要参与一项应用技术研究，成果已被采用，效益较好；④ 近两年主要参与一项本专业实践性课题研究，成果经行业专家认定，有实际借鉴意义；⑤ 近两年指导学生参加本专业职业技能竞赛获市局级以上奖项。（①为必备条件，其他具备一项即可）

4. 教师系列职称

助教。

5. 专业技术职称

具备本专业实际工作的初级技术职称（含相应级别职业资格证书，如高级工及以上国家职业资格证书）。

（二）中级"一体化双师型"教师资格标准

1. 理论教学能力

能熟练地讲解本专业的基本理论知识；能及时将行业发展信息和本专业最新理念、知识传授给学生；每年在正式刊物上发表专业教研论文一篇以上。

2. 实践教学能力

能独立指导实验和实训、实习，并具有一定的技术创新能力。

3. 技术应用实践

① 近两年内累计有两个月以上的企业或基层相关岗位工作实践，或校内外技术应用实践；② 近两年主要参与（或主持）一项校内实践教学设施建设或技术改造工作，使用效果良好；③ 近两年主要参与（或主持）一项应用技术研究，成果已被采用，效益良好；④ 近两年主要参与（或主持）一项本专业实践性课题研究，成果经行业专家认定，有实际借鉴意义；⑤ 近两年指导学生参加本专业职业技能竞赛获省部级以上奖项。（①为必备条件，其他具备一项即可）

4. 教师系列职称

讲师。

5. 专业技术职称

具备本专业实际工作的中级技术职称（含相应级别职业资格证书，如技师及以上国家职业资格证书）。

（三）高级"一体化双师型"教师资格标准

1. 理论教学能力

能熟练地讲解本专业的基本理论知识；能及时将行业发展信息和本专业最新理念、知识传授给学生；两年内在正式刊物上发表论文三篇以上。

2. 实践教学能力

能独立指导实验和实训、实习，具有一定的技术创新能力，并能理论联系实际地对本专业的发展提出意见。

3. 技术应用实践

①近两年内累计有两个月以上的企业或基层相关岗位工作实践，或校内外技术应用实践；②近两年主持一项校内实践教学设施建设或技术改造工作，使用效果良好；③近两年主持一项应用技术研究，成果已被采用，效益良好；④近两年主持一项本专业实践性课题研究，成果经行业专家认定，有实际借鉴意义；⑤近两年指导学生参加本专业职业技能竞赛获国家级奖项。（①为必备条件，其他具备一项即可）

4. 教师系列职称

副教授及以上。

5. 专业技术职称

具备本专业实际工作的高级技术职称（或具有相应级别职业资格证书，如高级技师及以上国家职业资格证书）。

四、不同级别"一体化双师型"教师资格标准的比较与分析

在高职院校"一体化双师型"教师资格标准中，初、中、高三个级别的教师都要满足相应的五个方面的标准，但是他们在这些方面的要求是各不相同的。为了使大家对这些标准有更清楚的认识，下面将从理论教学能力、实践教学能力、技术应用实践、教师系列职称和专业技术职称等五个方面对不同级别教师的标准进行比较与分析。

（一）理论教学能力

初级"一体化双师型"教师要求能够熟练地讲解本专业的基本理论知识，这是对一个合格的专业课教师的最基本的要求。中、高级"一体化双师型"

教师在此基础上要"能及时将行业发展信息和本专业最新理念、知识传授给学生",并且有在正式刊物上发表专业教研论文的要求,中级为每年一篇以上,高级为两年内三篇以上。"能及时将行业发展信息和本专业最新理念、知识传授给学生",这要求教师关注行业发展动态和专业前沿理论,不断学习和吸收新知识,不断更新和完善自己的理论知识结构。要求教师在正式刊物上发表专业教研论文,这一方面可以加强教师对专业理论知识的学习与思考,另一方面也有助于教师运用理论指导自己的教学实践和技术应用实践。

(二)实践教学能力

"能独立指导实验",这是一个专业课教师应该具备的基本的实践教学能力。当然,为了更好地满足学校教学的需要,初级"一体化双师型"教师还应该能够辅助别的教师指导实训、实习,这样其实也可以使初级"一体化双师型"教师的实践教学能力得到更多的锻炼。

经过"初级"阶段的锻炼,中级"一体化双师型"教师应该"能独立指导实验和实训、实习",但是这只能表明其学习与应用技术的能力比较强。我认为,一个合格的中级"一体化双师型"教师不仅应该能够学习与应用技术,还应该能进行一定的技术创新。而一个合格的高级"一体化双师型"教师,则应在此基础上更进一步,能够理论联系实际地对本专业的发展提出意见,探索和引领专业实践的发展方向。

(三)技术应用实践

在各级别"一体化双师型"教师的技术应用实践标准中,有一条共同的必备标准:"近两年内累计有两个月以上的企业或基层相关岗位工作实践,或校内外技术应用实践"。将这一标准作为"必备的"标准,就是为了防止在实际操作中的"变通",为了使"一体化双师型"教师的技术应用实践经历得到最基本的保证。将这一标准作为"共同的"标准,不随级别的提高而提高要求,是因为我们认为"一体化双师型"教师的根本任务还是教书育人,而不是进行技术应用实践,他们只要保证了基本的技术应用实践,从而使自已能够胜任教书育人的工作就可以了。除此标准外，有校内实践教学设施的建设或技术改造、应用技术研究、专业实践性课题研究和指导学生参加本专业职业技能竞赛等四个方面的标准，"一体化双师型"教师只要满足其中之一即可。这样设计是考虑到不同教师工作岗位和参与活动的多样性，是为了保证该标准的公平性。当然，对不同级别的教师在此标准上的要求是不同的，这是为了促进"一体化双师型"教师不断地向更高水平发展。

（四）教师系列职称

对初、中、高三个级别的"一体化双师型"教师，分别要求其具有助教、讲师以及副教授及以上教师系列职称，这是为了保证教师具备相应级别的基本的教育教学能力。对于高级"一体化双师型"教师，我认为其达到副教授的教师系列职称就可以了，因为他们的主要任务是结合专业实践向学生传授理论知识并培养他们的实践能力，而不是推进专业理论的发展。

（五）专业技术职称

如前所述，"专业技术职称"和"教师系列职称"一样，是"一体化双师型"教师外在的评价依据，是"一体化双师型"教师评定的必要非充分条件，设计这一标准是为了保证"一体化双师型"教师具有必要的实践教学能力。考虑到高级技师职业资格具有较高的含金量，而同时取得高级专业技术职称和高级技师职业资格对于很多高职院校的教师来说又具有较大的难度，我认为可以将高级"一体化双师型"教师的"专业技术职称"标准设置为"具备本专业实际工作的高级技术职称（或具有相应级别职业资格证书，如高级技师及以上国家职业资格证书）"。

（本篇撰写于 2010 年）

职业学校教师专业化发展的自我努力

教师专业化发展是当今世界教师教育的重要发展趋势之一。教师专业化的内涵是什么，职业学校的教师专业化有什么特点，教师个人可以通过哪些途径促进自身专业化发展，这些问题关系到职业学校教师专业化的顺利推进，关系到职业教育质量的提高，在推进职业学校教师专业化发展中应当着重考虑。

一、职业学校教师专业化发展的要求

与其他类型的教育相比，职业教育具有一定的特色，这是职业教育生存和发展的基础。职业教育的特色，是由它的本质属性，特别是它的内在矛盾的特殊属性所决定的。《中国教育改革和发展纲要》提出，"职业教育是现代教育的重要组成部分，是工业化、社会化和现代化的重要支柱"，"培养目标应以培养社会大量需要的具有一定专业技能的熟练劳动者和各种实用人才为主"。[1]这些规定表明，职业教育具有双重属性：一方面，它有其他类型教育的一般属性，是培养人的社会活动。另一方面，它又有其特殊属性，即它是直接为地方经济和社会发展服务的，是直接为人的就业服务的。职业教育的特殊属性，决定了职业学校的教师既要具备传授理论知识和指导学生进行实践的能力，又要具备教育学生获得良好发展的能力；决定了职业学校的教师具有一定的特殊性和不可替代性。职业教育的本质属性特别是它的特殊属性，要求职业学校的教师发展应当朝专业化方向进行。

---

[1] 蒋作斌. 对职业教育特色问题的认识[J]. 职教论坛，2003，（1）：14-15.

二、职业学校教师专业化的内涵

"专业化"是一个社会学概念,其含义是指一个普通的职业群体在一定时期内,逐渐符合各专业标准、成为专门职业并获得相应的专业地位的过程。所谓"教师专业化",是教师按照职业岗位需要,实现学科专业发展和教育专业发展的过程。教师专业化是职业专业化的一种类型,是教师"个人成为教学专业的成员并且在教学中具有越来越成熟的作用这样一个转变过程"。

教师专业化是个内涵不断丰富的过程。霍利(Holey)曾明确地把教师专业化界定为两个方面的内容:一是关注一门职业成为专门职业并获得应有的专业地位的过程;二是关注教学的品质、职业内部的合作方式,教学人员如何将其知识技能和工作职责结合起来,整合到同事关系以及与其服务对象的契约和伦理关系所形成的情景中。当前教师专业化更多地集中于教学专业化的内涵发展上,并且其内涵越来越广泛。教师专业化是教师个体专业不断发展的过程,是教师不断接受新知识、增长专业能力的过程。教师要成为一个成熟的专业人员,需要通过不断的学习与探究历程来拓展其专业内涵,提高专业水平,从而达到专业成熟的境界。教师专业化的实质和核心是教师的教育科学素养的专业化,是作为培养人、发展职业能力的专业化。教师专业化是构建与知识经济社会相适应的教师教育新体系的战略措施,是适应知识经济社会发展需要的推动教育功能转变、提高教育第一生产力的一场深刻的世界性教育变革。[①]根据韩清林的研究,教师专业化主要包括六个方面的内容:① 教师具有法定的专业地位;② 教师具有双学科的专业要求;③ 教师具有专业标准;④ 教师具有明确的职业道德规范;⑤ 教师培养培训有专门机构;⑥ 教师具有专门的认定制度和聘任制度。[②]

1980年,《世界教育年报》以"教师的专业发展"为主题发表了一系列文章,提出教师专业化的目标有两个:其一是把教师视为社会职业分层中的

[①] 韩清林.21世纪初中国教师教育的基本走向及对策建议——第二篇:全面推进教师专业化建设[J].河南师范大学学报(教科版),2003,(4):8.
[②] 韩清林.21世纪初中国教师教育的基本走向及对策建议——第二篇:全面推进教师专业化建设[J].河南师范大学学报(教科版),2003,(4):6-7.

一个阶层,专业化的目标是争取专业的地位与权力及力求集体向上流动。这种把教学工作放在整体社会结构中的分析是社会学者的研究取向。其二,把教师视为提供教育教学服务的专业工作者,专业化的目标是发展教师的教育教学的知识和技能,提高教育教学的水平。这种以发展教师的专业能力为目标的取向应是教育工作者所追求的。

众所周知,职业教育比较偏重于学生实践操作能力的培养,但是它也不忽视必要的基础理论知识的掌握。长期的实践证明,既懂理论又懂实践的教师在教学中会取得较好的效果。因此,职业学校的教师既要具备传授理论知识的能力,又要具备指导学生进行实践的能力。另外,由于职业教育生源具有多样性和文化课等方面基础较差等特点,职业学校的教师还应当具备较强的管理学生和指导学生发展的能力。当然,不可能要求职业学校教师的能力"面面俱到",而应当是每个教师"一专多能",各个教师各有所长、优势互补。

三、职业学校教师专业化发展的自我努力

当今,"以人为本"的教育理念呼唤教师的自我发展意识,要求教师首先是全面发展和人格完善的人,应努力成为自觉创造自身职业生命的主体。教师的自我发展需要和意识是自我专业发展的内在主观动力,使教师本人在专业发展中的能动作用得到极大的发挥,也使得实践终身教育思想成为可能,并可促使自我专业发展能力的形成,成为促进专业化发展的新的重要因素。

当前,职业学校的教师可以通过如下一些途径和步骤自我寻求专业化发展:

(一)制定自我发展计划

职校教师们通过制定自我发展计划,对影响专业发展的各种因素有效地加以整合,以获得更好的发展。

（二）积极学习提高

职校教师们通过学习、了解教师专业化发展的理论，提高专业理论水平，对自己的专业发展保持一种自觉状态，及时调整自己的专业发展行为方式和活动安排，努力取得理想的专业化发展结果。另外，职校教师们应该根据教师发展的连续性与阶段性特征主动寻求有效的培训，更新或补充知识、提升技巧和能力，使自己在原有的知识、技巧、能力以及综合素质方面有进一步的提高。

（三）参与教育研究[1]

参与研究是教师提高自身素质、促进专业化发展的一条有效途径。在研究中，教师可以将理论与实践有机结合，更好理解和改善课堂教育实践，不断扩展自己的专业知识和能力。通过进行教育研究，职校教师可以提高培养学生和发展自己职业能力的水平，达到培养人和发展职业能力的专业化。

（四）参与学习型组织

学习型组织具有持续学习的能力，具有高于个人绩效的综合绩效，是促使组织内人员提升学习能力的最大利益组织，它能促使教师有效地进行相互的沟通和交流。[2]因此，职校教师积极参与学习型组织，有助于促进其专业化发展。

（五）注重自我评价

教师自我评价，是指教师通过自我认识，进行自我分析，从而达到自我提高的过程，它需要教师具有一定的自我认识能力和自我分析能力。为了更好地促进职校教师的专业化发展，应当对教师的自我评价采取以下一些策略[3]：

---

[1] 段艳霞. 唤起自我发展意识，促进教师专业发展——论教师寻求自我专业发展的途径[J]. 师资培训研究，2003，（4）：10.
[2] 王玉苗，孙志河，柳靖. 职业教育教师专业化发展的探讨[J]. 职教论坛，2005，（13）：54.
[3] 王俭. 教师专业化发展与教师自我评价[EB/OL]. http://www.xhedu.sh.cn, 2003-10-31.

(1) 对教师进行自我评价教育，树立正确的自我评价观；

(2) 研制可操作的教师自评指标体系；

(3) 注重教师的自评结果。加强对教师自我评价机制的研究，提高教师自我评价的意识和能力，能够有力地促进教师专业素质的提高，促进教师专业化的发展。因此，教师自我评价意识和能力是教师专业化发展的重要条件。

（六）反　思

反思是教师专业发展的重要方式。反思能力的养成是确保教师能够不断再学习的最基本条件。职校教师养成经常进行自我反思的习惯和能力，主动、创造性地对自身专业发展进行反思，有利于其专业化发展取得新的突破与进展。

毋庸置疑，教师的自我努力在教师专业化发展过程中发挥着重要的作用，教师无论从职业发展还是个人发展角度来说都应该多加努力。但是，教师在专业化发展中的自我努力也受到学校等各方面的影响。因此，相关方面应为教师创造良好的发展环境，激发教师通过个人努力促进专业化发展的热情，以促使教师专业化顺利进行，提高教育的质量。一些职业学校在这方面已采取了一些很好的措施，倘若能更加全面、细致地做好相关的工作，将会取得更好的效果。

（本篇撰写于 2006 年）

教师主动寻求评价与教师职业生涯发展

如今，从政府工作报告到各级各类学校发展规划，都强调要加强师资队伍建设，这是从整体角度谈教师发展。而从个体角度谈教师发展，通常探讨的是教师职业生涯发展。如何促进教师职业生涯发展？本文通过一个实例介绍了一种新的思路。[①]

一、教师职业生涯发展

教师职业生涯发展是指教师为达到职业生涯计划所列出的各种职业目标而进行的知识、能力和技术的发展性活动。在教师职业生涯发展中，发展计划是至关重要的。该计划的内容包括：自我洞察、判断机会、认识限制因素、做出选择、思虑后果；确定职业生涯目标；寻找职业生涯道路，等等。教师们要想获得职业生涯的良好发展，就应当首先正确地认识自我，然后认真制订出合适的发展计划，再逐步将计划付诸践，不断地调整和完善自己。

在教师职业生涯发展中会受到多种因素的影响，主要有：社会因素的影响，即政治、经济、文化等因素对教师职业生涯的影响；家庭因素的影响，家庭是教师满足需要的地方，也是需要教师倾注精力的地方，它与教师的身心状况紧密相关；个人因素的影响，一部分是自身的条件，例如遗传因素、学习经验、工作技能等，另一部分是个人的社会化问题，其中最为重要的是个人的自我洞察能力；组织因素的影响，教师的职业生涯本身就是教师与学

[①] 本文在撰写过程中，参考了以下文献的相关内容：傅道春.教师的成长与发展[M].北京：教育科学出版社，2001；于漪.现代教师学概论[M].上海：上海教育出版社，2001；陈琦，刘儒德.当代教育心理学[M].北京：北京师范大学出版社，1997；连榕.新手—熟手—专家型教师心理特征的比较[J].心理学报，2004，(1)。

校组织相互作用的结果，在流动的人事制度尚未建立起来的条件下，学校组织对教师的接纳、认可、支持的程度在很大程度上制约着教师的成长与发展。在影响教师职业生涯发展的诸因素中，个人因素占有很大的比重。在职业生涯中，教师若能围绕个人因素诊断问题，诊断自己，选择应对措施，将会取得良好的效果，促进自己职业生涯的发展。

二、教师评价

教师评价是指对教师的职业、教育思想、教学行为、教学内容、教学方法、教学效果、教学资源利用、专业水平、业务进修、道德水平、人际关系等方面进行的价值判断，包括有目的的价值判断和无目的的价值判断两种。所谓有目的的价值判断，是指由教育主管部门、学校行政部门组织的，教育管理制度所规定的对教师进行的评价，如对教师进行的教学考评、人事考评等；所谓无目的的价值判断，是指来自社会或学校里的有关教师的舆论、家长对教师的看法、同事们相互之间的议论、学生对教师的态度等方面体现出来的对教师群体或个体的评价。本文所探讨的教师评价，是指学生对教师个体的教育思想、教学行为、教学内容、教学方法和教学效果等方面进行的价值判断，属于教师评价中"无目的的价值判断"范畴。

三、教师寻求评价的实例及分析

本文介绍的是某学院一位教师的事例。该院职业技术教育学专业 2004 级的硕士研究生们遇到了这样一位与众不同的教师。

第一学期的一门课快结束时，该教师向大家宣布了课程的考核内容，其中一项是用正规论文的形式写学习该门课的心得，且该项分值占总分的 5%。在课程正式结束之前，学生们均已交上"心得式"论文，该教师评阅后反馈道：大部分学生的论文都不太好，没有提出有价值的观点，得分一般；少数学生对其教学提出了质疑，还有个别学生客观地对其教学进行了全面的评价并提出了较高的要求,对这些学生的论文,他给了较高的分数。在第二学期讲授另一门课时,该教师便根据上学期学生提出的建议印发了教学大纲,明确介绍了学习方法、教学方法和考核方式。此外,他还作了一个补充——申请了一个电子邮箱,供大家进行学习交流。当然,第二学期的考核内容中同样包括"心得式"论文,并且该教师反复强调欢迎学生们有针对性地提出自己的观点。

作为该教师所任教课程的一名学生,我在亲历和分析其教学之后,认为其独特之处表现在三个方面:第一,主动寻求评价。一般教师都不太愿意学生对自己的教学等各方面进行评价,而他却主动要求这样,并且还为其采取一定的保证性措施(将其作为所教课程考核内容的一部分)。第二,欢迎客观评价而不是虚假的肯定评价。一般教师都希望别人肯定自己的劳动,即使在自己做得不好的时候也不愿意听到否定的声音,而他却欢迎学生客观的否定评价。第三,积极对待自己的不足之处。针对学生的"未充分了解学生情况""未充分考虑学生感受"等评价,他在教另一门课时选择了较为合乎学生们实际水平和需要的内容进行教学,甚至还改变了过去略显高傲的语气,让学生们感到亲切了许多。

当然,通过该教师的一些短期的表现,我们不能断言其职业生涯有了怎样的发展。但是可以肯定的是,该教师通过学生们的评价了解到了自己的一些不足,并作出了相应的调整,学生们对此反映良好。如果将该教师的职业生涯看作许多这样的"短期"的集合,在每一个"短期"他都能不断地进一步认识和完善自己,那么,他的职业生涯将得到不断的发展。

四、教师主动寻求评价对教师职业生涯发展的影响

学生是教学活动的主体,是教师教育工作的能动对象,对教师及其工作有着较为深刻的认识。教师主动向学生寻求客观评价,容易得到学生的认同而积极配合。因此,来自学生的评价往往能为教师认识其自身和教育工作中存在的问题提供较好的信息。研究表明,学生评价中虽有些是有争议的,但

至少能反映出学生们喜欢或不喜欢教师的教学。另外,由于是教师主动向学生寻求的评价,他自己也愿意采纳学生的意见和建议。因此,教师主动地向学生寻求评价,有助于教师获得关于其自身和教育工作中存在的不足之处的有益信息,这对于提高教师的自我洞察能力和工作技能从而促进教师职业生涯发展有着积极的意义,也有助于促进"新手型教师—熟手型教师—专家型教师"转变的快速进行,促进教师职业生涯的发展。

总之,在职业生涯的各个阶段,教师主动地向学生寻求客观评价,有助于得到关于其自身和教育工作的许多有用的信息,促进其对自身的进一步认识和完善,促使其职业生涯不断发展。

(本篇撰写于 2006 年)

来自企业的双师型教师需防止被"同化"

随着职业教育校企合作的深入开展,职业院校专业课教师中有企业实践经历的教师不断增多,来自企业的双师型教师也不断增加,这使得双师型教师队伍朝着有利于形成合理双师结构的方向发展。来自企业的双师型教师的特点和优势在于有丰富的工作实践经验,而职业院校原有理论型双师型教师的特点和优势在于具有较强的理论教学能力。

刚到职业院校任教时,来自企业的双师型教师大多难以有效胜任专业课的教学工作,因而需要向理论型双师型教师学习。来自企业的双师型教师在学习教学方法时,如果不注意结合自己的工作实践经历,随着时间的推移,他脑中关于工作实践的记忆会逐渐模糊,而关于理论知识教学的印象却越来越清晰,那么他的教学也将逐渐表现得与理论型双师型教师相近或相同,其企业实践优势会逐渐消失。来自企业的双师型教师应该有意识地防止自己被"同化",不然不但对自己的专业发展不利,对职业院校双师型教师队伍建设也是一种损失。既然如此,来自企业的双师型教师应该如何防止自己被"同化"呢?

我在天津一所高职院校工作时,同寝室的一位同事就是来自上海一家模具企业的双师型教师,担任模具设计与制造专业的专业课教学工作。刚来学校时,该教师为了提高自己的理论教学能力,经常主动去听学校理论型双师型教师的课,但他对别人的教学方法不是全盘接收和简单模仿,而是有选择性地学习。他认为,他的课应该让学生知道具体该怎么去做,而不是只把理论知识讲解完。没课的时候,他在计算机上免费帮助别人设计模具,为的只是让自己的手别变"生"了。有时候,他也去学校的模具校内生产性实训基地免费帮别人干活，顺便练练手，学点东西。

为了防止自己被"同化"，来自企业的双师型教师应该注意以下两点：一是不要疏远了专业实践。到职业院校任教后，接触专业实践的机会会少很多，加上周围教师的影响，很多教师可能会慢慢疏远了专业实践、逐渐失去自己的特色。为了防止这种情况的出现，来自企业的双师型教师应注意保持与原企业的联系，并经常与原单位的同事合作做一些产品。二是学习教学方法时要有所选择。来自企业的双师型教师不需要全面学习甚至模仿理论型双师型教师的那一套教学方法，而是要选择性地学习自己所缺乏的教学理论和技能，学习如何结合专业实践将专业理论知识和实践技能传授给学生。

（本篇撰写于 2010 年）

典型国家职业教育教师课程开发
能力培养的经验与借鉴

各国对职业教育质量与竞争力的关注将教师推至改革中心,教师被看作是影响职业教育改革与发展的核心要素之一。[①]职业教育教师如果具备较好的课程开发能力,就可以不断地改造和开发课程,使培养出来的人才的资格水平与社会、经济制度和职业体系的需求相匹配,从而满足经济社会发展的需要。教育部、财政部在《关于实施职业院校教师素质提高计划的意见》(教职成〔2011〕14 号)中将"提高教师的教育教学水平特别是实践教学和课程设计开发能力"作为 2011—2015 年实施职业院校教师素质提高计划的首要"目标任务",教育部在随后召开的全国职业教育师资工作会议上就对实施职业院校教师素质提高计划进行了动员和部署,可见国家对职业教育教师课程开发能力培养高度重视。

然而,国内现有关于职业教育教师课程开发能力培养的研究却较少,仅有几篇硕士学位论文和期刊论文对这个问题进行了探讨。[②]在一些重要职业教育著作和关于国外职业教育教师培养经验介绍的论文中,均未见针对职业教育教师课程开发能力培养问题的专门论述,尽管它们对职业教育课程开发的理论、方法和技术进行了论述,或者对包含职业教育教师课程开发能力培养在内的职业教育教师培养经验进行了整体介绍,但是这些成果的针对性和

[①] 付雪凌,石伟平. 美、澳、欧盟职业教育教师专业能力标准比较研究[J]. 比较教育研究,2010,(12):81.

[②] 花明. 基于课改背景下教师课程开发能力的提升[J]. 职教论坛,2011 (20):81-82,84;袁丽英. 教师课程开发能力培养:知行思交融原理与应用[J]. 中国职业技术教育,2010(8):35-37,73;宋志娇. 高职教师校本课程开发能力构建研究[D]. 天津:天津大学,2009;应雅泳. 中职教师校本课程开发能力的培养研究[D]. 杭州:浙江工业大学,2008.

可操作性不强，难以为我国职业教育教师课程开发能力的培养提供指导。鉴于此，我尝试从职业教育教师课程开发能力培养的主体、内容、方法和评价方法四个方面，对职业教育十分发达的德国、澳大利亚以及教育和经济发展水平都很高的美国等三个典型国家的职业教育教师课程开发能力培养经验进行了梳理，以期为我国职业教育教师课程开发能力的培养提供一些借鉴。

一、职业教育教师课程开发能力的涵义

"课程开发"这一概念由"课程编制"或"课程编订""课程建设"发展而来，于20世70年代开始在教育学界流行。[①]它是一个通过精心计划的活动设计出各种学程或教育活动方式，并将它们提供给教育机构中的人们，以此作为进行教育的方案的过程。[②]职业教育课程开发是指职业教育课程从无到有的发展过程，主要包括课程目标确定、课程内容选择、课程实施和课程评价等四个部分，并可以进一步细分为职业教育课程开发决策、课程目标开发、课程门类开发、课程结构开发、课程内容开发、课程内容组织、教学模式选择、课程实施环境开发、课程评价方法选择和课堂层面的职业教育课程改造等十个紧密相联的环节。[③]职业教育教师课程开发能力就是职业教育教师胜任上述职业教育课程开发各个环节任务的主观条件，包括课程开发意识、课程开发理论与技术、专业知识与能力、教学知识与能力、调查研究能力、规划设计能力、创新能力以及合作能力等。

二、典型国家职业教育教师课程开发能力培养的经验

我国职业教育教师来源多样，一些教师在职前从未接受过与课程开发能力有关的训练，而且职业院校以前普遍对课程开发不够重视，教师在职后也

[①] 汪霞. 课程开发：含义、性质和层次[J]. 教育探索，2003，(5)：23.
[②] [英]菲利浦·泰勒，等. 课程研究导论[M]. 王伟廉等译. 北京：春秋出版社，1989：38.
[③] 石伟平，徐国庆. 职业教育课程开发技术[M]. 上海：上海教育出版社，2006：19-20.

较少得到相关的训练,因而我国职业教育教师课程开发能力的整体状况不容乐观。在当前国家高度重视职业教育教师课程开发能力培养的形势下,我们可以借鉴德国、澳大利亚和美国等典型国家职业教育教师课程开发能力培养的经验,一方面抓紧培养和提高现有职业教育教师的课程开发能力,以解燃眉之急;另一方面,着眼长远,从职业教育教师职前培养阶段就开始培养他们的课程开发能力。

(一)德国职业教育教师课程开发能力培养的经验[①]

德国的职业教育教师可以分为职业学校教师和企业教师/跨企业教育中心教师两类,其中职业学校教师又可以分为专业理论课教师、普通文化课教师和专业实践课教师三类。职业学校专业理论课教师和普通文化课教师都属于理论导向型教师,而且他们都要结合实践教理论,可以将他们统称为专任教师。职业学校专业实践课教师和企业/跨企业教育中心教师的能力要求和培养过程比较接近,可以将他们统称为培训师。因此,德国的职业教育教师又可以分为专任教师和培训师两类。本文即按此分类来介绍德国职业教育教师课程开发能力培养的经验。

在德国职业教育教师课程开发能力培养中,专任教师课程开发能力培养的主体是学术型大学、职业学校、企业和行业协会;培养内容分为两个部分,大学学习阶段的内容为职业教育专业教学论和普通教育教学论,预备见习期的内容为教育学、教育心理学和专业教学法;大学学习阶段的培养方法为学习上述相关课程,预备见习期的培养方法为参加教师进修学院研讨班的模块式研讨,并到职业学校参加教学实践活动;评价方法为参加第一次和第二次国家考试,获取教师资格证书。培训师课程开发能力培养的主体是各类公、私立学校、行业协会、工会等组织以及企业(主要是大型企业),培养内容包括职业教育与课堂计划的制定、实施、检查与评估,以及保障教学与培训质量的教育学原理与教学法等,培养方法为学习上述内容,评价方法为参加

[①] 吴全全.职业教育双师型教师基本问题研究:基于跨界视域的诠释[M].北京:清华大学出版社,2011:80-89.

企业教师/培训师资格考试，获取企业教师/培训师资格。

（二）澳大利亚职业教育教师课程开发能力培养的经验[①]

澳大利亚的职业教育教师可分为专任职业教育教师和兼职职业教育教师两类，而且后者所占比例远远大于前者。专任职业教育教师主要由高等教育学院和大学培养，兼职职业教育教师则由从社会选聘的专业技术人员接受师范教育培养而成。专兼职结合一方面有利于保证职业教育专业教师的数量，另一方面有利于专、兼职教师相互学习和促进，共同提高职业教育教师队伍整体水平。

在澳大利亚职业教育教师课程开发能力培养中，职前培养的主体为高等教育学院和大学（主要是大学），职后培养的主体为大学、劳动部门主办的培训员培训中心以及行业企业；职前培养的内容为包含"设计和开发学习课程"等能力单元的新教师资格四级证书培训包（TAA40104），职后培养的内容为新教师资格文凭培训包（TAA50104）/现代教育技能和技术实践等；职前培养的方法为学习新教师资格四级证书培训包有关内容，职后培养的方法包括参加教师资格证书培训等培训、进入相关行业协会等；职前培养阶段的评价方法为获取新教师资格四级证书培训包（TAA40104）对应的四级证书，职后培养阶段的评价方法为获取相应培训的证书或通过相关学习内容的考核。

（三）美国职业教育教师课程开发能力培养的经验[②]

美国对职业教育教师培养非常重视，关于什么是最好、最有效的职业教育师资培养途径的话题在美国一直争论不休。[③]为了提高职业教育教师培养

---

① 吴全全. 职业教育双师型教师基本问题研究：基于跨界视域的诠释[M]. 北京：清华大学出版社，2011：73-80.
② 吴全全. 职业教育双师型教师基本问题研究：基于跨界视域的诠释[M]. 北京：清华大学出版社，2011：67-73.
③ [德]葛洛曼，等. 国际视野下的职业教育师资培养[M]. 石伟平译. 北京：外语教学与研究出版社，2011：283.

质量，美国建立了职业教育教师的国家职业教育证书标准，要求教师能胜任能力本位的职业教育和能力本位的课程开发，努力培养其教学能力特别是整合文化课和职业课的能力。

在美国职业教育教师课程开发能力培养中，职前阶段课程开发能力培养的主体为师范教育机构和专业发展学校——师范院校与中学或职业学校合作开展师资的培养或培训工作的一种机构，入职阶段课程开发能力的培养主体为专业发展中心——建立在地区学校内的由地区学校、州政府、大学等共同赞助的服务单位。职前阶段课程开发能力培养的内容包括专业训练、职业技术教育训练和职业教育实习——2001年，职业教育教师专业的专业课程（一般至少为12学分核心课程）包括职业技术教育课程开发、职业技术教育教学论、职业技术教育理论与实践、教学方法、学生评价、综合课程的策略与技术、教学计划、技术在教学中的应用等必修课程，以及占一定学分的与专业方向结合的选修课程，职业教育实习（包括教学实习）平均占16学分；入职阶段的课程开发能力培养内容则为资格认定课程内容。职前阶段课程开发能力培养的方法有两种，一种为采用授课或实验、再加半个学期或一个学期的教学实习的传统的学科培养模式进行培养，另一种为采用专业发展学校的培养方式进行培养；入职阶段课程开发能力培养的方法为由专业发展中心为新任教师提供与其他新任教师和一般教师活动的环境、系列性在职讲座以及教师资格培训等。职前阶段课程开发能力培养的评价方法为参加职业教育教师资格证书考试，获取教师资格证书；入职阶段课程开发能力培养的评价方法为通过对有关活动的考核，或参加职业教育教师资格证书考试，获取教师资格证书。

三、借鉴与启示

通过上述梳理可以看出，德、澳、美三个典型国家在职业教育教师课程开发能力培养经验方面既有共同或相似之处，也有各自的特色。它们的

这些或同或异的经验,可以为我国职业教育教师课程开发能力培养提供以下借鉴:

(一)发挥企业和行业协会等"弱势主体"在职业教育教师课程开发能力培养中的积极作用

德、澳、美等国职业教育教师课程开发能力培养的主体有学术型大学、职业学校、企业和行业协会、高等教育学院、劳动部门主办的培训员培训中心、专业发展学校以及专业发展中心等,这些主体大致可以分为师范教育机构、企业和行业协会、职业学校以及培训机构四类。这些培养主体与职业教育教师课程开发实践的不同环节具有紧密联系,在职业教育教师课程开发能力培养中不可或缺。例如,企业和行业协会与职业教育教师课程开发实践中的课程目标开发、课程门类开发、课程结构开发、课程内容开发、课程内容组织、教学模式选择、课程实施环境开发和课程评价方法选择等环节有关,它可以为职业教育教师提供最新的专业知识和技术、人才需求信息以及运用所学专业理论知识的机会,有利于他们专业知识的学习与专业能力的培养;职业学校与职业教育教师课程开发实践中的教学模式选择、课程实施环境开发和课堂层面的职业教育课程改造等环节有关,它可以为职业教育教师提供教学实践的机会,有利于他们教学知识的运用、掌握和教学能力的培养。然而,在我国传统的职业教育教师课程开发能力培养甚至职业教育教师培养中,主要的培养主体为职业技术师范院校和设置有师范学院或教育学院的大学等师范教育机构,企业和行业协会、职业学校以及培训机构这三类培养主体都只发挥了很少的作用,为"弱势主体"。显然,这造成了我国职业教育教师课程开发能力培养重要力量的缺失,使得职业教育教师课程开发能力的培养过程不完整,所培养出来的职业教育教师的课程开发能力也不完善。因此,在我国的职业教育教师培养体系建设中,应该学习借鉴德、澳、美等典型国家职业教育教师课程开发能力培养的经验,在不同的培养阶段适时、充分地发挥企业和行业协会等"弱势主体"的积极作用,使职业教育教师获得全面、及时的锻炼。

（二）在职业教育教师培养体系中设置职业教育专业教学论

德国在职业教育教师培养中设置了职业教育专业教学论，这是其职业教育教师培养的一个特色。职业教育专业教学论是一门整合了专业科学与教育科学的独立学科，它将自然科学、技术科学、经济科学的思维及行动，与教育科学的教学论、方法论的作用及效果，有机地融合在一起。[①]它有助于专业知识与能力、教学知识与能力等职业教育教师课程开发能力的培养。职业教育专业教学论是职业教育师资培养中的必修内容，然而我国很多师资培养基地及大部分职业技术师范院校几乎都采取"专业+教育学+心理学"的模式来培养职业教育教师，它们没有单独开设相关专业的专业教学论课程，导致培养的"双师型"教师不能对专业知识与教学知识加以整合，[②]不能有效地开发职业教育课程。因此，为了提高职业教育教师培养质量，促进其课程开发能力等能力的培养，我国应该在职业教育教师培养体系中设置职业教育专业教学论。当然，我们不是将职业教育专业教学论生硬地塞入现有职业教育教师培养体系，而是应对现有体系作出相应调整，构建一个职业教育专业教学论有机融入其中的、新的职业教育教师培养体系。

（三）通过"采取专业发展学校培养模式""让教师成为相关行业协会会员"等途径加强职业教育教师课程开发能力培养的"理实结合"

美国在职业教育教师课程开发能力职前培养阶段采取专业发展学校培养模式，这有利于加强在师范教育机构学习理论与到中学/职业学校参加课程开发实践活动的结合。澳大利亚在职业教育教师课程开发能力职后培养阶段让教师成为相关行业协会会员，这有助于其加强职业教育课程的教学与企业实际的结合。两个国家在职业教育教师课程开发能力培养的不同阶段采取的两种不同措施的共同之处在于，它们都有利于加强职业教育教师课程开发能力培养中理论与实践的结合。我认为，在我国职业教育教师课程开发能力

---

① 姜大源. 职业教育学研究新论[M]. 北京：教育科学出版社，2007：207.
② 姜大源. 职业教育学研究新论[M]. 北京：教育科学出版社，2007：206-207.

培养中,可以分别在职业教育教师课程开发能力职前培养和职后培养阶段借鉴美国"采取专业发展学校培养模式"和澳大利亚"让教师成为相关行业协会会员"的做法,加强理论与实践的结合;而且,可以对职前培养阶段的"专业发展学校培养模式"做一些拓展,在其现有要素"师范院校"和"中学/职业学校"之外,增加"企业"这一要素,即该阶段学习者除了在"师范院校"学习有关理论知识和到"中学/职业学校"参加课程开发实践活动之外,还应去"企业"参加专业技术实践,以增进对所学理论知识的运用并使其积累企业实践经验,从而增强课程开发能力培养的效果。

(四)对职业教育教师课程开发能力培养提出明确的要求并严格考核

德、澳、美等国对不同类型、不同培养阶段职业教育教师课程开发能力的培养均提出了明确的要求,学习者要通过相关内容的学习或培训并考取相应的证书。例如,德国职业教育教师专任教师培养中学习者需要参加第一次和第二次国家考试,获取教师资格证书,培训师培养中学习者需要参加企业教师/培训师资格考试,获取企业教师/培训师资格;为了设立统一的国家规范和职业教育教师资格的最低要求标准,德国各州文教部长联席会于1973年制定了《职业学校专业教师培养和考核国家规范框架》(简称《国家框架》),1995年又对它进行了修订,并要求各州对职业教育教师的培养课程都要遵守《国家框架》的基本要求。[①]相比较而言,我国职业教育教师的培养则"松散"、混乱得多,职业教育教师的包括课程开发能力在内的各种能力的培养严重不足。在我国职业教育教师队伍中,有一些教师是由普通教育教师转型而来的,有一些教师是从大学毕业不久的没有多少实践经验的本科或硕、博士研究生,二者占到较大的比例;他们未接受过职业教育师范专业教育甚至未接受过普通师范教育,没有职业教育教

---

① 李霄鹏,吴忠魁.德国职业教育师资专业化发展[J].比较教育研究,2011,(1):55.

师资格证（我国目前还没有这样的教师资格证），甚至连普通教育的教师资格证也没有；职业教育教师可能或多或少地参加过一些在职培训，但这些培训的质量历来饱受诟病。为了加强职业教育教师包括课程开发能力在内的各种能力的培养，提高职业教育教师培养质量，进而提高职业教育人才培养质量，我国应该对职业教育教师的课程开发能力等能力的培养提出明确要求、制定出科学的考核标准并严格执行。

（本篇撰写于 2013 年）

高职"双师型"教师课程开发能力培养情况调查研究

教师是保证职业院校教学质量的关键,是职业院校办学的首要条件。[1]职业教育的特点要求职业院校教师是既具有传统的"传道、授业、解惑"能力又具有高超技艺的"双师型"教师。[2]职业院校"双师型"教师如果具备较强的课程开发能力,就可以"不断地改造老课程,开发新课程",使"所培养人才的资格水平与社会体制、经济体制及其相应的职业体系的需求匹配",[3]这对提高技能人才培养质量具有十分重要的意义。目前,国内仅有寥寥几篇论文对职业教育教师课程开发能力培养问题进行了探讨[4],在相关重要著作[5]中也未见针对职教教师课程开发能力培养问题的专门阐述,然而,国家对职业院校教师课程开发能力的培养却高度重视——在"教职成〔2011〕14号"文件《教育部 财政部关于实施职业院校教师素质提高计划的意见》中,提高教师的课程设计开发能力被作为 2011—2015 年实施职业院校教师素质提高计划的首要"目标任务"之一;在 2011 年 12 月底召开的全国职业教育

---

[1] 纪芝信. 职业技术教育学[M]. 福州:福建教育出版社,1995:146.
[2] 郑秀英,周志刚. "双师型"教师:职教教师专业化的发展目标[J]. 中国职业技术教育,2010,(27):75.
[3] 姜大源. 职业教育学研究新论[M]. 北京:教育科学出版社,2007:148.
[4] 花明. 基于课改背景下教师课程开发能力的提升[J]. 职教论坛,2011(20):81-82,84;袁丽英. 教师课程开发能力培养:知行思交融原理与应用[J]. 中国职业技术教育,2010(8):35-37,73;宋志娇. 高职教师校本课程开发能力构建研究[D]. 天津:天津大学,2009;应雅泳. 中职教师校本课程开发能力的培养研究[D]. 杭州:浙江工业大学,2008;何应林. 典型国家职教教师课程开发能力培养的经验与借鉴[J]. 职教论坛,2013(1):88-91.
[5] 石伟平,徐国庆. 职业教育课程开发技术[M]. 上海:上海教育出版社,2006;[美]奥恩斯坦,汉金斯. 课程论:基础、原理和问题[M]. 5 版. 北京:中国人民大学出版社,2009;黄克孝. 职业和技术教育课程概论[M]. 上海:华东师范大学出版社,2000;姜大源. 职业教育学研究新论[M]. 北京:教育科学出版社,2007.

师资工作会议上,教育部对职业院校教师素质提高计划的实施进行了部署[①]。鉴于此,我对高职院校"双师型"教师课程开发能力培养情况进行了调查研究,以期为高职院校"双师型"教师课程开发能力培养有关政策和具体方案的制订提供一些参考。

一、调查方法

本研究的调查工具为自编的《高职院校"双师型"教师课程开发能力培养情况调查问卷》,调查对象选取采用整群随机抽样法。共发放问卷240份,回收236份,回收率98.3%。回收的问卷中,有效问卷233份,有效率98.7%。其中,公办高职教师134人(57.5%),民办高职教师99人(42.5%);男教师93人(39.9%),女教师140人(60.1%);"双师型"教师102人(43.8%),非"双师型"教师131人(56.2%)。调查数据运用SPSS17.0进行处理。

二、调查结果与分析

(一)高职院校开展"双师型"教师课程开发能力培养活动的情况

我国高职院校教师来源多样,一些教师在职前教育阶段从未接受过课程开发能力培养方面的训练。即使在职前接受过有关训练,要想具备较强的课程开发能力,也有必要进一步提高。因此,高职院校应该开展一些课程开发能力培养活动。然而,接受调查的233名高职院校教师中,认为所在学校开展"双师型"教师课程开发能力培养活动的情况为很多、较多、较少、很少和没有的所占比例分别为6.9%、25.3%、40.3%、18.9%和8.6%。可见,有67.8%的高职院校教师认为所在学校较少、很少甚至没有开展"双师型"教师课程开发能力培养活动。这说明所调查的两所高职学院的大部分教师都认为所在学校较少开展"双师型"教师教师课程开发能力培养活动。这可能正

[①] 李术蕊. 规划职业教育师资队伍建设 部署职业院校教师素质提高计划——全国职业教育师资工作会议在南宁召开[J]. 中国职业技术教育, 2012, (4): 5.

是"我国职业教育学校对课程开发普遍不够重视"[①]导致的结果。进一步分析发现，公办高职学院有64.2%的教师认为所在学校较少、很少甚至没有开展"双师型"教师课程开发能力培养活动，而民办高职学院这一数据为72.7%，这说明民办高职学院比公办高职学院更少开展"双师型"教师课程开发能力培养活动。

（二）高职院校教师对"双师型"教师课程开发能力培养活动的认识

1. 高职院校"双师型"教师课程开发能力的培养目标

在我看来，高职院校"双师型"教师课程开发能力的培养目标是培养教师具备课程开发意识、课程开发理论与技术、专业知识与能力、教学知识与能力、调查研究能力、规划设计能力、创新能力以及合作能力[②]。那么，高职院校教师是怎样看待这个问题呢？调查发现，在上述八项内容中，被认同程度从高到低依次为专业知识与能力、创新能力、教学知识与能力、课程开发理论与技术、合作能力、课程开发意识、调查研究能力以及规划设计能力，认同比例依次为77.7%、64.8%、54.5%、51.5%、50.6%、43.8%、41.6%和39.5%。可见，上述各项内容都得到了高职院校教师较高的认同，而且，专业知识与能力、创新能力、教学知识与能力、课程开发理论与技术以及合作能力得到了超过半数教师的认同。

进一步分析发现，在"创新能力"这一项上，民办高职学院教师的认同度比公办高职学院教师稍低，但其认同比例也有64.6%，而在其他七项内容上，民办高职学院教师的认同度均要高于公办高职学院教师；民办高职学院教师对课程开发理论与技术、专业知识与能力、合作能力、教学知识与能力以及创新能力等内容的认同比例均超过了50%，见表1。可见，与公办高职学院教师相比，民办高职学院教师对我提出的"双师型"教师课程开发能力

---

① 石伟平，徐国庆. 职业教育课程开发技术[M]. 上海：上海教育出版社，2006：25.
② 何应林. 典型国家职教教师课程开发能力培养的经验与借鉴[J]. 职教论坛，2013，（1）：88-89.

培养目标更为认同。

表 1　课程开发能力培养目标比较

	课程开发理论与技术	专业知识与能力	合作能力	教学知识与能力	调查研究能力	创新能力	规划设计能力	课程开发意识
公办高职（%）	48.5	73.9	49.3	45.5	40.3	64.9	37.3	39.6
民办高职（%）	55.6	82.8	52.5	66.7	43.4	64.6	42.4	49.5

2. 高职院校"双师型"教师课程开发能力的培养主体

所谓高职院校"双师型"教师课程开发能力的"培养主体",是指承担高职院校"双师型"教师课程开发能力培养工作的单位。高职院校"双师型"教师课程开发能力培养主体有哪些? 我在前期研究[①]的基础上提出企业和行业协会、职业院校、学术型大学、职业技术师范院校、培训机构、教师专业发展学校以及设置有师范学院或教育学院的大学等培养主体供选择。调查结果显示,认同度排在前两位的为职业院校、企业和行业协会,认同比例分别为 59.7%和 46.8%;我国传统的职业教育教师课程开发能力培养中重要的培养主体——职业技术师范院校以及设置有师范学院或教育学院的大学的被认同度却较低,认同比例分别只有 31.3%和 26.6%;学术型大学、培训机构和教师专业发展学校的认同比例均较低,分别为 30.5%、23.2%和 26.2%。这说明,高职院校教师对偏重于理论教育的培养主体并不是很认同,却对偏重于职业教育实践和专业实践的培养主体表现出了较高的认同。高职院校教师对培训机构和教师专业发展学校两种具有较强"实践"特征的培养主体的认同度都很低,这可能是由于两种培养主体参与高职院校教师课程开发能力培养活动比较少,高职院校教师对它们还不够了解。

进一步分析发现,在民办和公办高职学院教师对高职院校"双师型"教师课程开发能力培养主体的认同度上,排在前两位的培养主体均为"职业院

---

① 何应林. 典型国家职教教师课程开发能力培养的经验与借鉴[J]. 职教论坛, 2013,（1）：90.

校"和"企业和行业协会",排在最后一位的均为"培训机构"。可见,在高职院校"双师型"教师课程开发能力培养中,"职业院校"被寄予厚望,"企业和行业协会"虽然受到较高的重视,但其重要性不及"职业院校","培训机构"能发挥的作用不被看好。

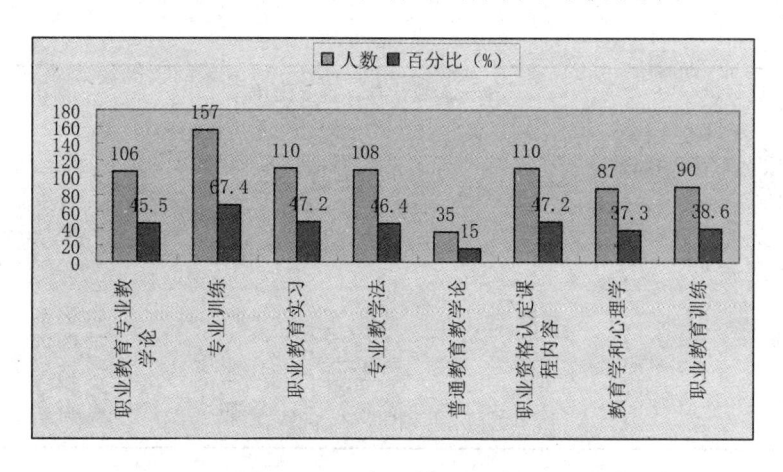

3. 高职院校"双师型"教师课程开发能力的培养内容

培养内容是高职院校"双师型"教师课程开发能力培养活动的重要组成部分,是培养目标得以实现的基本保障之一。高职院校"双师型"教师课程开发能力培养应该包括哪些内容呢?调查数据表明,高职院校教师对职业教育专业教学论、专业训练、职业教育实习、专业教学法、职业资格认定课程内容、教育学和心理学、职业教育训练的认同度均较高,其中,认同度最高的为专业训练,认同比例为67.4%,认同度最低的为教育学和心理学,认同比例也有37.3%;高职院校教师对普通教育教学论的认同度较低,认同比例只有15.0%,见图1。这说明高职院校教师对专业教育和职业教育方面的培养内容认同度较高,而对普通教育方面的培养内容认同度较低。进一步分析发现,民办和公办高职学院教师认同度最高和最低的培养内容相同,分别为专业训练和普通教育教学论,但是,民办高职学院教师对前者的认同度高于公办高职学院教师,对后者的认同度低于公办高职学院教师。

图 1 课程开发能力的培养内容

4. 高职院校"双师型"教师课程开发能力的培养方法

在高职院校"双师型"教师课程开发能力培养活动中,可以用哪些方法来培养教师们的课程开发能力呢?在我国,最常见的方法为学习有关课程并参与一些与课程内容相关的实践活动,而在德国、澳大利亚和美国等职教发达国家,用以培养职业教育教师课程开发能力的方法还有加入行业协会并参与有关活动、参加教师资格证书培训、到职业院校参加教学实践活动以及参加教师专业发展学校的有关培训。调查数据显示,高职院校教师对加入行业协会并参与有关活动、到职业院校参加教学实践活动以及参加教师专业发展学校的有关培训三种培养方法的认同度较高,认同比例均超过 50%;对参加教师资格证书培训这一方法的认同度稍低,但认同比例也达到了 46.8%;对学习有关课程这一方法的认同度最低,认同比例只有 33.0%,见图 2。可见,认同度较高的三种培养方法都与实践联系比较紧密,而参加教师资格证书培训和学习有关课程两种培养方法与实践联系的紧密程度则相对较低。进一步分析发现,认同度较高的三种培养方法中,民办高职学院教师偏向于认同"参加教师专业发展学校的有关培训"和"到职业院校参加教学实践活动"两种基于学校的课程开发能力培养方法,而公办高职学院教师偏向于认同"加入行业协会并参与有关活动"这样的与行业企业相关的课程开发能力培养方法。

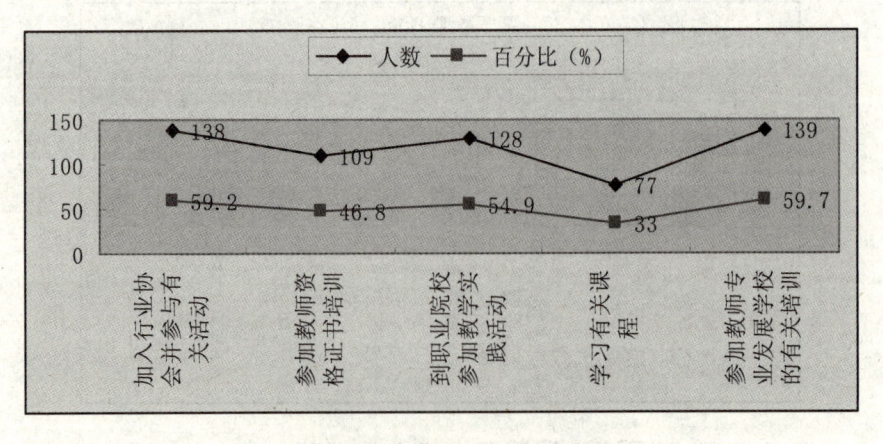

图 2 课程开发能力的培养方法

5. 影响高职院校"双师型"教师课程开发能力培养的因素

全面掌握影响高职院校"双师型"教师课程开发能力培养的因素，就可以有针对性地采取措施，增强课程开发能力培养的效果。结合有关研究成果[①]和对高职院校"双师型"教师课程开发能力培养实践的分析，我提出了完善的课程开发实施方案、教师个人努力、以教师能力提高为核心的教师发展规划、促进教师能力培养与提升的激励机制、相关理论知识与方法的培训以及企业实践等因素供选择。结果显示，这些因素均得到了高职院校教师的较高认同，其中，教师个人努力、以教师能力提高为核心的教师发展规划和"促进教师能力培养与提升的激励机制"三个因素得到了超过50%高职院校教师的认同，完善的课程开发实施方案、相关理论知识与方法的培训以及企业实践三个因素的认同度稍低，但最低认同比例也达到了45.1%，见表2。可见，高职院校教师比较认可"以教师能力提高为核心的教师发展规划"和"促进教师能力培养与提升的激励机制"对于"双师型"教师课程开发能力培养的重要作用，但也不忽视"教师个人努力"的价值。进一步分析发现，民办高职学院教师对"以教师能力提高为核心的教师发展规划"和"教师个人努力"的认同度排在前两位，公办高职学院教师对"以教师能力提高为核心的教师发展规划"和"促进教师能力培养与提升的激励机制"的认同度排在前两位。

表2 影响课程开发能力培养的因素

	完善的课程开发实施方案	教师个人努力	以教师能力提高为核心的教师发展规划	促进教师能力培养与提升的激励机制	相关理论知识与方法的培训	企业实践
人数	105	118	142	121	111	110
百分比（%）	45.1	50.6	60.9	51.9	47.6	47.2

---

① 花明. 基于课改背景下教师课程开发能力的提升[J]. 职教论坛, 2011 (20): 82, 84.

6. 高职院校"双师型"教师课程开发能力培养活动应采取的评价措施

高职院校"双师型"教师课程开发能力培养活动应采取什么措施来进行评价？这既关系到课程开发能力培养活动的效果，也关系到其展开，是课程开发能力培养活动的重要内容。根据我国高职院校"双师型"教师课程开发能力培养的实际，并借鉴德国、澳大利亚和美国等国家职业教育教师课程开发能力培养的经验，我列出了"参加职业教育教师资格证书考试，获取教师资格证书""通过对有关培养活动的考核""获取相应培训的证书"和"让教师参与开发或单独开发一门课程，根据结果来判断其课程开发能力"等评价措施供选择。调查发现，这四种评价措施都得到了较高的认同，认同比例分别为48.9%、58.8%、39.1%和70.4%。可见，高职院校教师最认同通过课程开发实践结果来评价教师的课程开发能力掌握情况，他们也希望通过有关培训活动获得课程开发能力和相关证明。另外，有40.8%的高职院校教师同时选择了"让教师参与开发或单独开发一门课程，根据结果来判断其课程开发能力"和"通过对有关培养活动的考核"两种评价措施，这说明有过半认同通过课程开发实践结果来评价教师的课程开发能力掌握情况的高职院校教师对课程开发能力培养活动的传统评价措施持认同态度。进一步分析发现，民办和公办高职学院教师对四种评价措施的相对认同程度一致，均为：让教师参与开发或单独开发一门课程，根据结果来判断其课程开发能力＞通过对有关培养活动的考核＞参加职业教育教师资格证书考试，获取教师资格证书＞获取相应培训的证书。

（三）高职院校教师对"双师型"教师课程开发能力培养的想法或建议

有82名接受调查的高职院校教师回答了问卷最后的开放式问题——"您对高职院校'双师型'教师课程开发能力培养的想法或建议"，占总数的35.2%。这一方面说明接受调查的教师对待问卷的态度比较认真，另一方面说明他们对"双师型"教师课程开发能力培养问题比较关注。

对82名教师的"想法或建议"进行分析，发现它们可以归纳为三类：

第一类为加强"双师型"教师课程开发能力培养活动中"实践"的分量,特别是通过校企合作的途径,为教师提供赴企业锻炼或向企业高技能人才学习的机会。提出这一类"想法或建议"的教师最多。第二类为对"双师型"教师课程开发能力培养进行激励。这既包括给予一定的物质奖励,也包括提供宽松的管理环境和足够的用以开发课程的时间。第三类为多给教师提供各种学习和培训的机会。例如,多派老师出国或到外地学校取经,多提供机会让教师参加专业发展学校的相关培训,举办课程开发能力培养的联合研讨会,等等。

三、调查结论与建议

(1)接受调查的大部分高职院校教师都认为所在学校较少开展课程开发能力培养活动,而且民办高职学院比公办高职学院更少开展此类活动,这与"国家对职业院校教师课程开发能力培养高度重视"相去甚远;高职院校应提高对"双师型"教师课程开发能力培养的重视程度,多开展有关活动。

(2)高职院校"双师型"教师课程开发能力培养目标为培养教师包括专业知识与能力、创新能力、教学知识与能力、课程开发理论与技术、合作能力、课程开发意识、调查研究能力和规划设计能力等内容的课程开发能力,培养主体为职业院校以及企业和行业协会,培养内容包括职业教育专业教学论、专业训练、职业教育实习、专业教学法、职业资格认定课程内容、教育学和心理学以及职业教育训练等,培养方法有加入行业协会并参与有关活动、到职业院校参加教学实践活动、参加教师专业发展学校的有关培训、参加教师资格证书培训以及学习有关课程,影响培养活动的因素有完善的课程开发实施方案、教师个人努力、以教师能力提高为核心的教师发展规划、促进教师能力培养与提升的激励机制、相关理论知识与方法的培训以及企业实践,培养活动可采取的评价措施有"让教师参与开发或单独开发一门课程,根据结果来判断其课程开发能力""通过对有关培养活动的考核""参加职业教育教师资格证书考试,获取教师资格证书"和"获取相应培训的证书";

这些可以为高职院校"双师型"教师课程开发能力培养有关政策和具体方案的制订提供一定的参考。

（3）民办和公办高职学院教师对高职院校"双师型"教师课程开发能力培养的认识在培养主体、培养内容和评价措施等方面有很多相似之处，但在培养目标、培养方法和影响因素等方面存在明显差异；有关部门在制订高职院校"双师型"教师课程开发能力培养政策时，应对不同类型高职院校教师的差异性有所考虑。

（4）部分高职院校教师认为应从三个方面加强对"双师型"教师课程开发能力的培养：第一，多给教师提供各种学习和培训的机会；第二，加强"双师型"教师课程开发能力培养活动中"实践"的分量，特别是通过校企合作的途径，为教师提供赴企业锻炼或向企业高技能人才学习的机会；第三，对"双师型"教师课程开发能力培养进行激励，这既包括给予一定的物质奖励，也包括提供宽松的管理环境和足够的用以开发课程的时间。

（本篇撰写于 2014 年）

从聘任合同管理到心理契约管理
——民办高职院校师资管理模式的转型

育人是民办高职院校的第一使命,而教师是这一使命得以完成的重要条件,是民办高职院校办学的第一资源,是民办高职院校可持续发展的基本保障。然而,由于在师资管理中过于依赖硬性的束缚手段而缺乏对教师的关心和有效引导,目前民办高职院校教师对工作的满意度较低,教师队伍流动性很大,这极不利于民办高职院校教学质量提高和人才培养。

所谓契约,是有关规划将来交换的过程的当事人之间的各种关系。[1]在民办高职院校师资管理中存在两种契约:一种是正式的、形成文字的经济性契约,即教师聘任合同。另一种是非正式的、未写成文字的心理性契约,即心理契约。前者明确了教师的工作职责和各种权利、义务,是当前民办高职院校用以管理教师的主要手段。后者关系到教师对工作的满意度和积极性、创造性,是民办高职院校可以用来稳定教师队伍、激发教师潜力的有效手段。民办高职院校在师资管理中如果能以教师为本,依法管理好这两种契约,切实保护教师的合法权益,为教师营造一个轻松愉快的工作环境,将极大地增强教师队伍的凝聚力和战斗力,这对于民办高职院校的发展意义深远。

一、民办高职院校师资管理中的聘任合同管理

(一)民办高职院校教师聘任合同的内涵

教师聘任合同是指政府相关职能部门和(或)学校为实现国家和社会的

---

[1] [美]麦克尼尔. 新社会契约论——关于现代契约关系的探讨[M]. 雷喜宁,潘勤译. 北京:中国政法大学出版社,1994: 5.

公共教育目标，依据教育政策和法律，与教师通过协商的方式，在意思表示一致的基础上所达成的协议。①所谓民办高职院校教师聘任合同，是指民办高职院校为了实现国家和社会的公共教育目标，依据教育政策和法律，与教师在平等自愿、协商一致的基础上签订的一种明确双方权利、义务关系的意思表示一致的协议。其目的在于以契约的形式强化和落实民办高职院校与教师的权利、义务和法律责任，保证教育教学活动正常进行，实现公共教育的功能。同时，它又是由法律法规授权实施管理的民办高职院校与被管理者之间合意的表示，是契约在民办高职院校师资管理中的应用。②

民办高职院校教师聘任合同是一种以提供教育教学及科研行为的劳动力商品为客体的特殊民事合同，具有以下四个特点③：

（1）主体的特定性。民办高职院校教师聘任合同的主体一方是教师，另一方是民办高职院校法人。教师除了必须是具有劳动能力的自然人，并且重要的是受聘人员应当具有履行岗位职责的能力，能够坚持正常工作；应聘实行执业资格制度岗位的，必须持有相应的执业资格证书。

（2）内容的强自主意志性。民办高职院校教师聘任合同与劳动合同相比具有较弱的法定性和强制性，较强的自主意志性，当事人有协商的余地。

（3）客体的单一性。合同双方当事人共同指向的对象是民办高职院校教师的特殊的劳动力，该劳动力能提供符合要求的教育教学和科研行为。

（4）属性的诺成、有偿、双务性。民办高职院校教师聘任合同一经协商达成协议就可成立。合同订立后，教师必须提供给用人单位一定的劳动力，并因此而获取劳动报酬，用人单位租用了劳动者个人的劳动力使用权，因此必须付费，当事人双方均享有权利并需承担义务。

（二）民办高职院校教师聘任合同的订立原则和主要内容

根据我国《高等教育法》第48条规定和相关法律规定，订立民办高职

---

① 张文显. 法哲学基本范畴研究[M]. 北京：中国政法大学出版社，1993：137.
② 余雅风. 论教师聘任合同的公法规范与控制[J]. 教育发展研究，2008，（22）：60.
③ 陈军芬. 高校教师聘任合同的法律内涵辨析[J]. 理论界，2008，（9）：76-77.

院校教师聘任合同必须遵守两条原则[①]：一是合法。即要依法订立民办高职院校教师聘任合同。二是平等自愿。即受聘教师和民办高职院校双方法律地位平等，以平等身份订立聘任合同；该合同的订立完全出于双方当事人自己的意志，任何一方不得将自己的意志强加给对方，任何第三者也不得对其订立的合同进行非法干涉。

民办高职院校教师聘任合同主要包括以下五个方面的内容[②]：

（1）被聘人员应履行的职责、完成的任期目标及考核；

（2）聘任双方在任期内的权利和义务；

（3）辞聘和解聘的条件；

（4）违反合同的法律责任及纠纷解决方式；

（5）聘约由校长和被聘人员签字盖章，双方各存一份，自签字之日起生效。

聘任合同的语言表述要明确、易懂，既要注意合同内容的容易记忆，便于签订，商量余地大，又要注意在执行时容易掌握，减少分歧和争议的发生。[③]

（三）民办高职院校教师聘任合同管理中需要注意的问题

教师进校后，学校要及时与教师签订聘任合同，规定双方的权利和义务。学校要按照聘任制的程序聘任教师，并根据国家制定的教师职务任职条件和职责，运用定性和定量结合的方法，对教师工作进行定期与不定期的考查与评价。[④]合同期满后，学校应根据教师个人表现、工作能力、绩效和学校需要，依法办理续聘或解聘、辞聘手续。学校应切实保障教师的合法权益，解除教师的后顾之忧。学校还应该不断主动提高教师的工作待遇，改善教师的工作条件。

[①] 戴中祥，郑全新. 高等教育法规概论[M]. 武汉：湖北人民出版社，2006：132-133.
[②] 戴中祥，郑全新. 高等教育法规概论[M]. 武汉：湖北人民出版社，2006：133.
[③] 林雪卿. 浅谈教师聘任合同的订立、解除与终止[J]. 学前教育研究，2006，(11)：23.
[④] 陈孝彬. 教育管理学（修订版）[M]. 北京：北京师范大学出版社，1999：310-311.

二、民办高职院校师资管理中的心理契约管理

（一）民办高职院校师资管理中心理契约的内涵

教师聘任合同是目前民办高职院校进行师资管理的主要方式，也是经实践证明的一种行之有效的方式。但是，民办高职院校师资管理的对象是在文化环境中从事工作的高级知识分子，他们的工作特点和所受教育使得他们对成就、自尊和知识的需要更为强烈。[1]对他们进行管理，绝不是凭教师聘任合同中的几项简单的条款就可以解决的，还需要有效运用心理契约。

民办高职院校师资管理中的心理契约，是指民办高职院校教师出于对学校政策、实践和文化的理解以及学校各级管理者做出的各种承诺的感知而产生的，对其与学校之间的并不一定被学校各级管理者所意识到的相互义务的一系列信念。它具有主观性、动态性、差异性等特点。[2]所谓主观性，是指心理契约的内容是民办高职院校教师个体和学校对于相互责任的认知或主观感受，不同的个体可能有不同的见解和体验。所谓动态性，是指心理契约总处于不断变更和修订的状态中，学校任何工作方式的变更，无论是物理性的还是社会性的，都对心理契约有影响。所谓差异性，是指心理契约不仅具有期望的性质，还包括对责任和义务的承诺与互惠。期望没有得到实现主要会引起失望，而心理契约一旦被违背则会导致愤怒。心理契约是一种更加强烈的消极情感反应，会导致个体重新评价自己和组织的关系，并对组织承诺、工作绩效、工作满意度和人才流失等产生不利影响。

民办高职院校师资管理中的心理契约实际上是一种情感契约，是形成学校凝聚力和团队氛围的一种无形而有效的手段。民办高职院校建立起一整套系统完善的教师心理契约管理机制，可以使教师产生较好的安全感、工作满意度和对组织的认同感，从而激发教师的潜能与创造力，实现学校的良性循环与可持续发展。[3]

---

[1] 陈孝彬. 教育管理学（修订版）[M]. 北京：北京师范大学出版社，1999：442.
[2] 葛芳，雷亮. 稳定人才的关键——心理契约[J]. 经济问题探索，2005，（2）：67-68.
[3] 牛皖闽. 基于心理契约的高校教师管理[J]. 黑龙江高教研究，2007，（7）：97.

(二)民办高职院校师资管理中良性心理契约的构建

民办高职院校师资管理中心理契约的构建贯穿于师资管理中的人员招聘、培训开发、绩效考核、职称评定、组织沟通等环节,良性的心理契约的构建主要从以下几个方面着手[1]:

(1)选择合适的招聘模式。合理、合适的招聘过程是双方形成良好心理契约的第一步,民办高职院校应针对不同层次的求职者选择不同身份的面试官。

(2)建立有效的沟通机制。在聘任期间,民办高职院校与教师之间所存在的心理契约可能会遭到破坏。若能建立有效的沟通机制,就可以在心理契约遭到破坏时,在保持原来心理契约的基础上达成新的契约,减少不必要的教师流失。民办高职院校可以通过教代会、工会、青年教师联谊会等形式组织教师特别是新入校教师参与学校活动,使教师形成主人意识,激发教师的工作热情,自觉自愿地为学校的发展贡献自己的才智。

(3)实施公平的考核制度。公平合理的考核制度对建立正确、积极的心理契约至关重要,因为民办高职院校师资管理中心理契约的核心是教师对学校的"满意度",这个"满意度"与学校能否公平地对教师完成的目标进行评价有重要的关系。在对教师进行考核时应淡化对教师个人工作量的考核,强调团队考核。同时,还要以对教师的责任感、事业心、职业道德水平等的考查作为辅助考核手段,综合加以考量。考核要做到公正、客观,必须提高工作的透明度,使考核的各个方面都能了解考核的全过程,并在这个过程中发挥监督、裁判的作用。[2]

(4)发展完善的培训机制。民办高职院校应"用养并重",建立起完善的教师培训机制,重视并组织好在岗教师的培训,帮助教师成长,从而增强教师的工作满意度及对学校的忠诚度。培训分在职培训(岗位培训)和离职进修两种,除了日常的学习和短期培训外,学校还应该创造条件,使教师在

---

[1] 陈旭,朱宝善.高校师资管理中的心理契约[J].深圳大学学报(人文社会科学版),2008,(2):141.
[2] 冒荣,刘义恒.高等学校管理学[M].南京:南京大学出版社,1997:242.

工作若干年后,有一段较长时间的系统进修。①

(三)民办高职院校教师心理契约管理中需要注意的问题

重视教师心理契约的存在及其影响,积极构建良好的心理契约,是民办高职院校师资管理中亟待解决的重要问题。只有重视与教师良好心理契约的构建,才能促使教师的行为与学校发展目标的和谐统一,从而推动教师成长和民办高职院校的可持续发展。

在民办高职院校教师心理契约管理中,需要注意如下几个问题:

(1)学校管理者应当摒弃过分重视组织的威权性、制度的刚性和管理的外控性的管理思想,逐步树立以教师为中心的思想,尊重教师的主体性、重视教师的心理需求。②

(2)学校应该在人员招聘、组织沟通、绩效考核和培训开发等重要环节中积极构建良好的教师心理契约。第三,学校管理者应加强与教师的沟通交流,积极了解教师的心理契约轨迹,努力防止心理契约破坏的产生。

在教师心理契约遭到破坏时,学校管理者应当对造成心理契约变化的因素给予合理的解释,帮助教师正确地分析问题,理智地将问题的产生归因于双方理解上的不一致或客观原因,而不是学校故意所为。争取在沟通理解的基础上,使教师心理契约达到新的平衡状态,使学校与教师之间建立新的承诺和信任并实现共同发展。③

三、结束语

目前,民办高职院校的教师主要是退休的校长和教师、从公办学校跳槽或兼职的教学和管理人员,其身份和待遇不同于公办学校,缺乏安全感,队

---

① 陈孝彬. 教育管理学(修订版)[M]. 北京:北京师范大学出版社,1999:438-439.
② 石若坤. 心理契约:高校人力资源管理中不容忽视的方面[J]. 辽宁教育研究,2007,(1):85-86.
③ 石若坤. 心理契约:高校人力资源管理中不容忽视的方面[J]. 辽宁教育研究,2007,(1):86.

伍不稳定。[①]民办高职院校教师的不安全感不局限于物质原因，还包括由此引起的精神与心理作用。而这样的队伍却是民办高职院校赖以提高人才培养质量、打造特色品牌、实现持续发展的关键力量。对于这样的师资队伍，冷漠"物化"的管理方式和人性化的管理方式可能导致截然不同的结果。因此，民办高职院校管理者在师资管理中，不能过多地考虑眼前的成本，还要放眼学校的长远发展，以教师为本，进行人性化管理。

在当前民办高职院校的师资管理中，教师聘任合同受到了较高的重视，而心理契约却没有得到应有的重视和有效的利用。为了提高师资管理水平，实现教师的成长和学校的可持续发展，民办高职院校应该在继续完善教师聘任合同有关工作的同时，高度重视并努力加强对教师心理契约的管理。

（本篇撰写于 2009 年）

[①] 谈松华. 民办职业教育中长期改革和发展的若干问题[Z]. 中国改革开放 30 周年与民办职业教育发展高峰论坛主题报告 PPT，2008 年 11 月.

高职校内生产型实训基地建设的实践与探索

高等职业教育的主要任务是培养生产、建设、服务一线需要的高素质技能型专门人才，因而实践教学在高职教育中有着极为重要的地位。加强实践教学，一方面要加强课堂教学与实践的结合，另一方面就是要加强实训环节和实习。[①]校内实训基地承担了高职实践教学的大部分任务，是学生在校期间实践能力和职业素质养成的主要场所[②]，是教师施展才能和得到锻炼的主阵地。我们也清楚地认识到，在真实的职业环境中进行真刀真枪、真材实料的生产型训练有利于技能人才的培养。因此，我院（指天津轻工职业技术学院，本篇下同）建院以来一直坚持把生产型实训基地建设放在重要位置，先后建设了数控/模具实训基地、电工电子与自动化实训基地两个校内生产型实训基地。本篇结合我院校内生产型实训基地建设的实践，论述了高职校内生产型实训基地的功能、定位、建设基本原则和建设模式，希望能够对其他高职院校校内实训基地的建设有所启示。

一、高职校内生产型实训基地的功能

（一）培养高素质技能人才

技能人才的高水平素质需要有实践环境的直接熏陶，技能人才娴熟技能的培养需要在良好的条件下反复训练。校内实训基地是实训教学过程实施的

---

① 行水. 职业院校实训基地建设：急迫任务下的关键环节[J]. 职业技术教育，2005，（21）：55.
② 郭家星，屈有安. 高职校内实训基地建设实践[J]. 中国职业技术教育，2006，（33）：54.

实践训练场所，其基本功能是完成实训教学、职业技能训练与鉴定以及职业素质训导，①它可以为技能人才素质和技能的培养提供必要的条件。

我们逐步将学生学习的主课堂由普通理论课教室转移到了校内生产型实训基地，通过在校内生产型实训基地这一新的主课堂的大量实践，我院学生普遍具有了较高的综合素质和技能水平；我院在校和已毕业学生均表现出了较高的职业素养，能够认真而出色地完成各项学习或工作任务；部分学生练就了较高水平的技能，取得了高级职业资格证书；在各类技能大赛中，我院学生也取得了优异的成绩。今后，我院将加大校内生产型实训基地的开放力度和管理功能，以培养更多高素质技能人才。

（二）培养高水平"双师"教师

英国著名工程教育专家齐斯霍姆教授曾经说过，只有由具有外科医生资格的教师，在外科手术室里才能培养出真正的外科医生。②培养生产一线的技术应用型人才亦然。只有由具有生产一线实践经验、能力和技能的教师，在一个充满活力的工业环境中才能培养出真正的技术应用型人才。因此，为了实现培养高素质技能人才的目标，我院配合校内生产型实训基地的建设，加强了双师型教师队伍的建设。我们将校内生产型实训基地当作双师型教师的主阵地——他们向学生的实践能力开战，促进学生的技能水平不断提高；同时，他们也向自己的实践能力开战，促使自己的技能水平不断提高，从而进一步促进学生技能水平的提高。

通过校内生产型实训基地的建设，我院专业课教师实践技能有了大幅度的提高。有44名专业教师获高级职业资格证书（含考评员），从而成为双师型教师。在天津市职工数控技能大赛中，有两名教师进入前十名，其中一名教师获数控铣组第一名并代表天津参加全国第一届数控大赛，并获数控铣第十二名的好成绩。通过校内生产型实训基地的建设，我院逐步建立起了一支高标准的专兼结合的双师型教师队伍。

---

① 李坚利. 高职教育实训基地建设的探索与实践[J]. 职业技术教育（教科版），2003，(22)：19.
② 陈炳和. 以四个合一 六个结合新理念 构建高职化工实训基地建设模式[J]. 中国职业技术教育，2006，(30)：52-53.

（三）提供高质量"双技"（技术技能）服务

开拓实训、培训、咨询全方位的服务功能，融职业技术教育、职业技能培训、科技与社会服务为一体，实现教学、培训、服务一条龙，是进一步发挥高职校内生产型实训基地规模效益的新举措。①

我院校内生产型实训基地建设的主要目的是改变传统教学模式，为学生技能的培养提供实践条件。如前所述，我院通过建设校内生产型实训基地培养了大量高素质技能人才，较好地实现了实训基地建设的主要目的，因此我院得以与社会广泛地建立起合作关系。在为社会服务的过程中，我院校内生产型实训基地充分发挥了共享和辐射功能，为其他院校提供了实训基地，并先后承接和组织了各类技术技能培训。我院为天津市劳动经济学校和劳动保护学校等许多兄弟院校学生的实训提供了实训基地；为河北职业学院的52名学生和广州轻工业学校的147名学生进行了数控机床实训及取证工作；承接了国家劳动和社会保障部、中国就业指导中心组织的"全国第六届数控工艺员"师资培训班；为实现在职职工的转岗和下岗职工的再就业开设了专业技能培训班，培训了2247人次，并面向农村培训291人次。此外，我院数控/模具校内生产型实训基地还为一些中小型企业提供了有效的服务，为行业内外企业设计生产了热锻、冲压、塑料模具600多台套，并帮助企业解决了许多技术难题。我院通过建设校内生产型实训基地为社会提供了大量高质量的技术技能服务，校内生产型实训基地因此也逐渐成了我院服务行业社会的主渠道。

二、高职校内生产型实训基地的定位

高等职业教育是高等教育的一个新的类别，是大工业的产物，它与其他高等和职业教育存在明显的区别②：

---

① 朱伟萍，肖毅. 高职实训基地建设的功能拓展与模式创新[J]. 高等技术教育研究，2003，（2）：60-61.
② 柳遂文. 高等职业教育的类别特征[J]. 中国高教研究，2007，（4）：55-56.

1. 高等职业教育与普通高等教育的区别

从人才培养目标看，高等职业教育培养的是专才，普通高等教育培养的是通才；从教学内容的设计看，高等职业教育注重的是学生的专业能力培养，而普通高等教育注重的是学生的专业素质养成。

2. 高等职业教育与初、中等职业教育的区别

高等职业教育培养的是具有较高素质的劳动者，其理论水平较高，操作能力较强，可以与生产岗位实现"零距离"对接；初、中等职业教育培养的是较低层次的普通劳动者，其理论水平和操作能力水平都较低，只能在一些要求较低的岗位从事生产工作。

高等职业教育培养理论水平较高、操作能力较强、可以与生产岗位实现"零距离"对接的高素质专门人才的目标的实现主要是靠实践教学，而高职校内生产型实训基地承担了实践教学的大部分任务，是学生在校期间实践能力和职业素质养成的主要场所。[①]因此，高职校内生产型实训基地是高职教育人才培养目标得以实现的基本条件，是高职教育区别于其他高等和职业教育的显著特征。

三、高职校内生产型实训基地的建设

（一）高职校内生产型实训基地建设的基本原则

1. 先进性原则

高职院校培养出来的技能人才应该具有较强的适应性，应该在较短的时间内就能够适应生产岗位的要求，而当今社会技术更新十分迅速，因此高职院校校内实训基地的建设要有较高的技术含量，要能体现高新技术，融合专业领域新知识。

2. 通用性原则

高职校内实训基地应具有培训学生及受训者职业技术能力的功能、社会

---

① 郭家星，屈有安．高职校内实训基地建设实践[J]．中国职业技术教育，2006，(33)：54.

性功能和研发功能[①];应按照技术大类进行群分,以便能进行多学科的综合实训,最大限度地发挥实训基地的场地、设备、师资、管理人员等各种资源的效能[②],从而提高投资的效益。

3. 真实性原则

现代企业所强调的职业能力、关键能力和职业道德,必须在生产和服务的真实职业环境中,通过一定的磨练才能获得。如果没有真实、综合的职业现场,就很难完成"养成"和"内化"的过程。[③]因此,高职校内实训基地要能完全体现真实的职业环境,实训操作本身就是实际生产加工。

4. 开放性原则

高职校内实训基地应发挥共享和辐射功能,为学校、企业和社会提供各种技能培训,并能不断与企业进行交流对话,及时根据企业需要进行调整,为企业提供技术服务等。

(二)高职校内生产型实训基地建设的两种模式

模式是一种科学认识手段和思维方式,是连接理论与实践的中介。不同的模式对实践的效果有着不同的影响。由于不同的高职院校自身条件和所处的环境不同,因而其适合的校内实训基地建设模式也各不相同。这里主要结合天津轻工职业技术学院校内实训基地建设的实践,介绍两种校内生产型实训基地建设的有效模式。

1. 高职校内生产型实训企业建设模式

为了给学生提供真实的职业岗位教育环境,根据我院第一主干专业群的"模具设计与制造"的特点和已有条件,我院采用了建设校内生产型实训企业——天津市轻模工贸有限公司的模式来建设数控/模具实训基地。

---

① 黄立志. 高职高专实践教学体系与基地建设的目标与原则[J]. 职业技术教育(教科版),2004,(13):38.
② 邱川弘. 建设实训基地的要素与实现[J]. 实验技术与管理,2004,(6):5.
③ 黄立志. 高职高专实践教学体系与基地建设的目标与原则[J]. 职业技术教育(教科版),2004,(13):38.

天津市轻模工贸有限公司是我院控股的责任有限公司，2003年8月成立。该公司以设计、加工模具及生产注塑产品为主，为学生实训提供真实的生产型实训环境。该公司下设模具生产车间、塑料制品生产车间和各工种培训车间。此外，公司正在筹建模具设计中心，中心下设设计室、分析室、培训中心、测量室。截止到2007年4月底，该公司已设计并加工注射模具90余套、热锻模具500余套，改造热锻模具50余套，并培训学生取得中、高级操作技能证达2500余人。

天津市轻模工贸有限公司在管理和运作上摆脱了传统的完全依附于学校的体制和机制，采取了相对独立的自行聘任、自主考核等灵活的用人机制和管理办法，增强了自身活力。该公司承担了对外设计、加工业务，不但降低了学院的实训教学成本，而且以生产带动实训教学，在为学生实训提供真实现场环境的同时，形成了教育与产业紧密结合的互动机制，实现了教学服务企业，企业带动教学的双赢局面。

2. 校企一体式实训基地建设模式

如果实训基地是处于正常运转的企业，那么学生所处的工作环境就是真实的环境，执行的规范也都是职业标准，实训的项目均是学生今后所从事的职业及工作岗位，在这一真实环境下进行第一任职岗位实践，不仅能培养学生解决工程项目中实际问题的技术及管理能力，而且还能使学生经过职业规范化训练，完成关键能力的培养，达到完成职业道德素质和企业素质养成教育的目的。[①]基于类似的考虑，我院与天津隆泰冷暖设备制造有限公司合作建立了另一个校内生产型实训基地——天津轻工职业技术学院南院区。由天津隆泰冷暖设备制造有限公司投资建厂房、校舍，购置设备，我院负责招生、教学、学生管理。学校建在工厂内，企业既是生产单位又是实训基地。校企共同组建实训教学领导小组，制订教学计划，确定教学内容。在学生实训中，企业派兼职实训指导教师、提供生产设备，与校方配合共同执行实训教学计

---

① 冯旭敏，温平则. 教育实训基地建设基本模式的构建[J]. 机械职业教育，2005，（2）：34.

划。校企一体式实训基地的建设模式,实现了校企优势互补,资源共享,达到了学生到真实企业环境中锻炼提高的目的。

(三)高职校内生产型实训基地建设的成效

我院校内生产型实训基地的建设,使学生在真实企业环境中从事生产性实训,降低了教学成本,促进了产教结合,有效落实了工学结合。同时,我院围绕生产型实训基地的生产实训,聘用和培养教师,调整课程体系,开发教材,使之主动适应工学结合的需要。通过建设生产型实训基地,我院为国家培养了大量高素质技能人才。

我院部分学生通过在生产型实训基地的大量实践,练就了较高水平的技能,取得了高级职业资格证书。在各类技能大赛中,我院学生也取得了优异的成绩。2004—2006 三年中,我院有 25 名学生在全国技能类大赛中获奖,15 名学生获天津市技能类大赛前三名,3 名学生获华北地区技能类大赛前三名,29 名学生获华北地区技能类大赛入围奖。另外,我院在市级技能大赛中获团体第三名 1 次;我院学生申请专利项目 232 项。

我院毕业生就业率一直都在 95%以上,其中模具设计与制造、数控技术、机电一体化技术、数控设备应用与维修等专业的毕业生更是受到众多企业的青睐,就业率达到 100%。企业对我院毕业生给出了较高的评价,认为他们一是能够立即顶岗工作,专业技能强,二是能够在工作中发现问题、解决问题,并善于管理。

我院的办学实力和办学质量,得到了上级领导部门和社会各界的信任和重视,广泛地建立了合作关系。在为社会服务的过程中,我院的校内生产型实训基地充分发挥了共享和辐射功能,先后承接和组织了各类技术培训,为国家技能型短缺人才的培养作出了自己的一份贡献。

(本篇撰写于 2007 年)

高职院校校内生产性实训基地八论

高职院校校内生产性实训基地是高职教育区别于其他高等和职业教育的显著特征，是学生学习技能的主课堂，是教师施展才能和得到锻炼的主阵地，是高职院校服务行业、社会的主渠道。加强校内生产性实训基地建设，是高职院校改善办学条件、彰显办学特色、提高教学质量的重点。[①]高职院校应把校内生产性实训基地建设放在重要位置，根据专业特点和各种有利条件，在校内建设一定数量能够满足各种需求的生产性实训基地。"十二五"期间，教育部将按照统筹规划、先行试点、动态调整的原则，逐步启动高等职业教育实训基地建设等重大项目与改革试点，[②]这对进一步提升高职院校办学基础能力，提高技能人才培养质量和增强职业教育吸引力具有重要意义。本文从称谓、功能、定位、系统、模式、项目、管理和创新等八个方面对校内生产性实训基地进行了论述，希望对高职院校校内生产性实训基地建设工作的开展有所助益。

一、称谓论

高职院校校内实训基地近年来先后有"生产型实训基地"和"生产性实训基地"两种称谓。所谓生产型实训基地，是指实训项目与生产实际相关联，但是学生的实训并不生产出真实产品的校内实训基地。在实训基地建设过程中，人们发现，虽然生产型实训有利于学生在生产中实现实践技能的培养，但是它与实验实习一样是消耗性的，这不利于实训基地的可持续发展和高职

[①] 中华人民共和国教育部. 关于全面提高高等职业教育教学质量的若干意见[Z]. 教高[2006]16号，2006-11-16.

[②] 时晓玲，朱振岳. 教育部召开全国高等职业教育改革与发展工作会[N]. 中国教育报，2010-9-15（1）.

院校的整体发展。因此,建设者们在借鉴企业建设经验和职业教育理论研究成果的基础上,提出建设生产性实训基地。所谓生产性实训基地,就是高职院校利用自身的优势,与政府、行业、企业或者社会相结合,全面开发基地的生产功能,通过产品生产、社会服务、技术研发等生产性过程,实现经济效益,并在生产中实现学生实践技能培养的一种校内实训基地。[1]通过建设校内生产性实训基地,既可以实现"工学结合"的人才培养模式,又能够实现让学生在真实的生产环境中进行操作技能练习,从而使得学生在毕业时就具备了熟练的技能和丰富的实践操作经验,能够与工作岗位实现"零距离"对接。从"生产型实训基地"到"生产性实训基地",绝不仅仅是一个字的变换,而是实训基地建设指导思想的根本性改变。"生产性实训基地"这一称谓目前已在高职教育管理部门、职教理论界和高职院校中得到较多的认同,"生产性实训基地"是今后高职院校校内实训基地建设的基本方向。

二、功能论

高职院校校内生产性实训基地建设的主要目的是为学生职业素质与实践操作技能的培养提供条件。此外,它还有两个基本目的:一是为双师型教师的培养提供条件,二是为兄弟院校学生、社会人员和有关企业提供服务。根据校内生产性实训基地的建设目的,我认为高职院校校内生产性实训基地应该具备培养高素质技能型人才、培养高水平双师型教师和提供高质量技术、技能服务三个基本功能。

1. 将高职院校自己的学生培养成高素质技能型人才

在将自己的学生培养成高素质技能型人才的过程中,高职院校不是简单地将授课地点从以往的普通理论课教室转移到校内生产性实训基地,它还要以真实的生产项目(最好是企业需求的项目)为载体,通过教学做一体化,培养学生解决真实生产问题的职业素质和实践操作技能。在此过程中,校内生产性实训基地的真实职业环境、真实生产条件、大量操作练习机会以及双

---

[1] 李黎明. 论高职院校生产性实训基地建设[J]. 山东省青年管理干部学院学报, 2007,(5):111.

师型教师的及时指导对学生职业素质和实践操作技能的养成具有重要意义。

2. 培养高水平的双师型教师

双师型教师是高职教育高素质技能型人才培养目标得以实现的重要条件，是高职院校办学的重要资源和可持续发展的基本保障。近年来，高职教育规模迅速扩大，但双师型教师队伍不仅质量上处于较低水平，数量上也仍显不足。人们往往将其原因归于双师型教师队伍基础薄弱、培养困难，并努力去寻求双师型教师培养的有效的途径。殊不知，在校内生产性实训基地以真实性生产环境育人的过程中，双师型教师也会快速地成长。在这个过程中，双师型教师向学生的实践能力"开战"，促使学生的技能水平不断提高；同时，他们也向自己的实践教学能力和理论教学能力"开战"，促使自己的实践教学能力和理论教学能力水平不断提高，并进一步促进学生技能水平的提高。

3. 提供高质量的技术、技能服务

高职院校校内生产性实训基地除了通过培养高素质技能型人才间接为社会服务外，还通过两条途径直接为社会服务：一条是为兄弟院校的学生或社会人员提供技术、技能培训和职业技能鉴定等服务，另一条是承接企业生产订单或向它们提供技术、技能咨询和指导服务。通过直接和间接的服务，高职院校会得到相关行业、企业，兄弟院校和社会人员的认可，与大家建立起广泛的合作关系，进而为大家提供更多高质量的技术、技能服务。校内生产性实训基地因此逐渐成了高职院校服务行业、社会的主渠道。在提供技术、技能服务的过程中，高职院校校内生产性实训基地培养的高素质技能型人才和高水平双师型教师都可以发挥重要的作用。

三、定位论

高等职业教育与普通高等教育的区别主要体现在"职"字上，与初、中等职业教育的区别主要体现在"高"字上。姓"职"使得高等职业教育在国民教育系统中具有类型的不可替代性，姓"高"使得它在国民教育体系中具有层次的不可替代性。[①]高等职业教育既不是单纯地姓"职"也不是单纯地姓"高"[②]，而是既姓"职"又姓"高"：它是高等教育中一个具有明显职业属性的新类别，也是职业教育中的一个较高层次；它注重学生专业能力的培养，培养的是理论水平较高、操作能力较强、可以与生产岗位实现"零距离"对接的高素质技能型人才。

高等职业教育人才培养目标的实现主要是靠实践教学，而校内生产性实训基地承担了实践教学的大部分任务，是学生在校期间职业素质和实践操作技能养成的主要场所。因此，高职院校校内生产性实训基地是高等职业教育人才培养目标得以实现的重要条件，是高等职业教育区别于其他高等和职业教育的显著特征。为了有效实现人才培养目标，高职院校校内生产性实训基地建设既要突出"职业性"，让学生在真实的生产过程中进行实践操作技能学习和职业素质培养，也要做到"高层次"，将行业、专业领域的最新技术、知识和标准融入到学生的生产性实训之中。

四、系统论

根据技能形成的一般规律和当前高职院校技能人才培养的特点，我认为高职院校高素质技能型人才培养实训工作中存在两个系统：一是由仿真实训、生产性实训和顶岗实训三部分构成的实训类型系统。二是由实训教学目标、实训项目、实训教材、实训教师和实训教学评价构成的实训教学系统。

高职院校高素质技能型人才培养系统化实训具有三个特点：

（1）实训贯穿学生学习全过程并实现从简单到复杂的循序渐进和有机衔接。学习过程早期，学生在校内专业实训室进行仿真实训，他们独立完成简单实践项目，获得基本职业能力；学习过程中期，学生在校内生产性实训基地进行生产性实训，他们通过团队合作的方式完成有一定难度的典型实践项目，获得典型职业能力；学习过程后期，学生在校外企业进行顶岗实训，他们通过实际生产的方式完成有较大难度的实训项目，获得综合职业能力。在

---

① 姜大源. 高等职业教育的定位[J]. 武汉职业技术学院学报，2008，（2）：8.
② 查吉德. 高职姓"高"还是姓"职"辨析[J]. 广东技术师范学院学报（职业教育），2009，（2）：60.

整个过程中,前面的实训为后面的实训奠定基础,后面的实训使学生的技能进一步提高。

(2)在实训类型系统的不同阶段,实训教学目标、实训项目、实训教材、实训教师和实训教学评价自成系统,它们相互影响,共同决定实训效果和技能人才培养的质量。

(3)企业全面参与系统化实训的每一个环节。企业参与制定实训教学目标,提供先进仪器设备或实际项目,参与编写实训教材,选派具有丰富行业实践经验的优秀专业课教师参与实训教学,与高职院校合作对顶岗实习的学生进行管理,根据企业用人标准对学生培养质量进行评价,并与学院合作对专业课教师进行培训。

校内生产性实训基地的建设是高职院校人才培养系统化实训工作不可或缺的环节,对于高素质技能型人才培养目标的实现具有重要意义。在高职院校校内生产性实训基地的建设中,建设者一定要胸有"系统",并注意做好不同系统内各环节、各要素的衔接。

五、模式论

模式是"某种事物的标准形式或使人可以照着做的标准样式"[1],它是连接理论与实践的中介。不同的模式对实践的效果有着不同的影响。由于不同高职院校的自身条件和所处环境不同,因而其适合的校内生产性实训基地建设模式也各不相同。我认为,高职院校校内生产性实训基地建设可以灵活采用学校主导、企业主导、校企融合、共建共享[2]等多种模式。学校主导模式是指以学校为主组织生产和实训的一种模式。在这种模式中,实训基地在生产产品、经营业务或技术研发的同时,完成对在校学生的实训任务。企业主导模式是指以企业为主组织生产和实训的一种模式。在这种模式中,学校主要提供场地和管理,行业或企业提供设备、技术和师资,以行业企业为主

---

[1] 中国社会科学院语言研究所词典编辑室. 现代汉语词典[Z]. 5版. 北京:商务印书馆,2005:961.
[2] 丁金昌,童卫军. 校内生产性实训基地建设的探索[J]. 中国高教研究,2008,(2):57-58.

组织生产和学生实训。校企融合模式是指实践教学与生产实践融为一体的一种校内生产性实训基地建设模式。在这种模式中，企业的生产车间就是学校的生产性实训基地，或者学校的生产性实训基地在进行实践教学的同时进行真实产品的生产。共建共享模式是指校企双方共建共享校内生产性实训基地。这是一种比较自由的组合形式，校企双方只要有需求，就可以开展各种形式的合作。

六、项目论

资金不足几乎是所有高职院校校内生产性实训基地建设面临的最主要困难。此外，双师型教师缺乏，实训教材种类不全、质量不高等也是急需解决的问题。在校内生产性实训基地建设过程中，高职院校应该积极筹措资金，并注重双师型教师队伍建设和实训教材编写。

1. 建设资金筹措

我国高职院校大多建校时间不长，办学基础较差，实训基地建设难以满足学生职业素质与实践操作技能培养的需要。为了顺利实现高素质技能型人才培养目标，高职院校应该积极创造条件，多渠道筹措资金：一是申请中央和省级财政支持的职业教育实训基地建设项目，争取获得政府投入；二是加强校企合作，吸引企业的直接资金投入或先进设备、优秀师资的投入；三是联合同一地区的学校共同出资、共同建设实训基地；四是面向社会开展各种培训，并向校内、外承接职业技能鉴定任务，藉此获得部分实训基地建设资金；五是动员学院教职工投资建设实训基地；六是通过教师开发设计新产品、与企业联合进行产品攻关、承接与工艺技术和成果转化有关的应用项目等获得部分建设资金，并减少有关建设资金的投入[①]。

2. 双师型教师队伍建设

"双师型"教师是一个综合性的概念，它有两层含义[②]：一是对教师个体

---

① 张翠英. 解决实训基地建设与发展投入不足的"瓶颈"问题[J]. 中国职业技术教育，2006，(12)：57-58.
② 刘勇. 论结构型"双师"教师团队建设[J]. 中国职业技术教育，2007，(29)：23.

而言,"双师型"教师是指既有较高的教育教学水平,又有较强的专业操作示范技能,精通专业理论知识和操作技能的内在联系和规律,具有教师和"工程师"的双重知识与能力结构的专业教师("工程师"泛指具有较强专业实践能力的人员)。这一含义的核心在于"双素质",其实质是对职业院校教师的行业专家和教学专家的双重要求。二是对学校教师群体而言,"双师型"教师是指教师队伍整体上具备"双师"能力,即在专业教师队伍中"理论型"教师与"技能型"/"双素质"教师必须保持合理的比例。在生产性实训基地建设过程中,为了使教师队伍整体素质对高职培养目标的适应性更强,应该加强高标准"双师型"师资队伍的建设。高职院校可以实施"内训外聘"政策,保证资金投入,鼓励和引导专业课教师到企业顶岗实践,积累实际工作经验,提高实践教学能力,并开展教学基本功比赛、教学成果评比和教学质量评价,提高教师的理论教学能力;同时,积极引进有一定理论基础和实践经验的工程技术人员充实到实训指导教师行列中,并大量聘请行业企业的专业人才和能工巧匠到学校担任兼职教师,逐步加大兼职教师的比例,力争使专兼职教师的比例达到1:1。

3. 实训教材编写

实训教材是学生进行实训的蓝本,也是实训教师实施指导的依据,其内容主要包括实训目的、内容、技术要点及标准、操作规程及步骤、文明生产、安全生产等。实训教材的内容应注意与专业理论课衔接,要以实际技能训练为主,理论应做到少而精;要按实际生产中的操作流程安排实训步骤,以现行成熟技术为主,适当增加行业最新技术;要有故障排除或案例分析实训,要有实训技术、知识应用题[①]。由于实训课程体系庞杂,内容繁多,实训内容规范性要求较低,而且不同高职院校之间差异较大,因而很难制定出一个通行标准,编写出可在大范围内通用的实训教材。为满足实训教学的需要,高职院校可以认真选择部分适合本校实训教学需要的教材,并积极组织教师编写校本实训教材。此外,要"以高素质技能型人才为培养方向,从职业(岗

---

① 彭汉庆. 对影响高职实践性教学若干问题的思考[J]. 湖北职业技术学院学报, 2004, (1): 10.

位)分析入手,以国家职业资格为标准依据",①根据科技发展所取得的最新成果和人才市场的需求,综合考虑自身生产性实训教学的实际以及其他高职院校生产性实训教学的特点与要求,编写出一些能够有效提高学生实践操作能力并能在一定范围内通用的优秀实训教材。

七、管理论

高职院校校内生产性实训基地管理,就是管理者为了实现预定的目标,按照高职教育的内在规律,遵循一定的原则,科学决策,周密计划,精心组织,及时反馈,合理调控,确保校内生产性实训基地持续、稳定、有序、高效地运转,进而达到预定目标的过程。②为了充分发挥校内生产性实训基地的作用,实现校内生产性实训基地建设的预期目标,高职院校必须对校内生产性实训基地进行科学的管理。

1. 做好校内生产性实训基地的常规管理

首先,要根据学院建设与发展规划设置校内生产性实训基地管理部门,并配置具有相关理论背景和一定实践经验的工作人员。其次,研究制定"实践教学管理规范""实验实训教学用耗材管理办法"等一系列校内生产性实训基地管理制度,对实践教学计划的编制、实验实训项目的开出、仪器设备的购置保养与维护、实验实训经费的核算等进行全面的规定和规范,并严格执行管理制度。第三,根据专业调整情况适时进行实训基地资源重组,既满足专业优化的需要,又确保实训教学质量。

2. 做好校内生产性实训基地建设评估

高职院校校内生产性实训基地建设评估是以校内生产性实训基地建设目标为依据,运用有效的评价技术和手段,对校内生产性实训基地建设过程和结果进行测定、分析、比较,并给以价值判断的过程。其基本步骤如下③:(1)确定评估的对象和范围;(2)确定评估的目的;(3)设定并分解评估目

---

① 殷铖,王明哲. 模具钳工技术与实训[M]. 北京:机械工业出版社,2005:前言.
② 纪芝信. 职业技术教育学[M]. 福州:福建教育出版社,1995:360.
③ 胡德海. 教育学原理[M]. 兰州:甘肃教育出版社,1998:623-625.

标；(4)收集和处理评估资料；(5)分析评估结果，提出改进措施。对校内生产性实训基地建设进行评估，可以实现对基地建设的有效监控与管理。高职院校应该在教育管理部门组织的校内生产性实训基地建设评估之前，认真按照评估标准和步骤进行自评，并参照他评标准进行调整和建设。

八、创新论

创新有三层含义[①]：一是抛开旧的，创造新的，使事物或形态在结构、功能、原理、性质、方法、过程等方面引起首次的、显著性的变化；二是在现有的基础上改进更新，使事物或形态达到新的境界；三是通过创造、标新立异，使事物或形态按照发展的必然规律发生新的变化，达到更高层次。

创新是民族进步的灵魂，是国家兴旺发达的不竭动力，也是高职院校校内生产性实训基地永葆生机的源泉。在校内生产性实训基地的建设中，高职院校既要全面规划，加强合作，突出特色，扎实做好每一项工作，也要不断更新思路、创新理念、挖掘潜力，在基地功能、建设模式、项目建设、建设管理等方面进行推陈出新、改进更新或创造，不断提高建设质量与水平，增强实训基地的功能、服务能力和可持续发展能力，从而最大限度地满足高素质技能型人才培养、双师型教师培养和提供技术、技能服务等各种需要，提高校内生产性实训基地的社会效益和经济效益。

（本篇撰写于 2011 年）

---

① 刘志辉. 创新是发展的永恒主题[J]. 党史博采（理论），2008，(9)：23.

高职校内生产性实训成果展室建设探究

生产性实训是生产性实训基地通过生产产品、研发技术、服务社会等生产性过程实现经济效益，并在生产过程中培养学生的职业技能，进而提高学生职业能力的一种教学模式。[①]用以陈列高职院校师生校内生产性实训作品的房间就是高职校内生产性实训成果展室，[②]它是高职校内生产性实训基地的重要组成部分，对其进行研究和建设有利于丰富高职校内生产性实训基地建设的内涵，提高高职技术技能人才培养质量。尽管目前已有一些展室和展示空间方面的研究，[③]但却很少见到关于高职校内生产性实训成果展室建设的研究，这不利于人们认识高职校内生产性实训成果展室，不利于其建设工作的进一步展开和其积极作用的发挥。鉴于此，我们对高职校内生产性实训成果展室建设的一些基本问题进行了分析，以期对高职校内生产性实训成果展室的建设有所启示。

一、高职校内生产性实训成果展室建设的必要性与可行性

（一）高职校内生产性实训成果展室建设的必要性

1. 有利于激发学生学习的动机

"展示"是以直观感知方式为主的、时空性极强的群众性的信息传递活

[①] 贺星岳. 产学结合建设校内生产性实训基地[J]. 中国高等教育, 2008,（20）: 45.
[②] 中国社会科学院语言研究所词典编辑室. 现代汉语词典[Z]. 5版. 北京: 商务印书馆, 2005: 1712.
[③] 周永忠, 谢陈跃. 展室展品的防盗监控[J]. 电气时代, 2001,（2）: 41-43; 金胜. 展示设计中的空间要素[J]. 鸡西大学学报, 2009,（5）: 146, 150; 阎晓华, 朱江. 室内展示设计中空间与陈列的探讨[J]. 山西农业大学学报（社会科学版）, 2007,（4）: 433-435; 遽光玄. 展示空间人流聚散问题的研究[D]. 太原: 太原理工大学, 2008; 胡珊珊. 展示空间室内界面的模糊化设计研究[D]. 成都: 西南交通大学, 2012; 狄野. 展示中的光空间设计[D]. 上海: 上海戏剧学院, 2007.

动，它担负着教育的功能。①将高职院校师生们制作的部分优秀生产性实训作品放在实训成果展室进行展示，至少可以向前往展室参观的学生们传递如下两个方面的信息：第一，即使理论课学习成绩不好，如果能够制作出优秀的实训作品，也可以得到老师和同学们的认可；第二，周围普通的学长学姐都可以制作出优秀的作品，你要是好好努力，也有可能做出这样的甚至更好的实训作品。尽管高职院校学生身上存在着一些不如人意的地方，但实际上，几乎没有学生不愿意得到老师和同学们的认可，也没有学生不希望自己比别人做得更好。因此，将高职院校学生所熟悉的身边普通人的优秀作品放到实训成果展室进行展示，可以很好地激发他们学习的动机。

2. 有利于增强教师教学的效果

高职校内生产性实训成果展室的成果展示活动既有利于激发学生学习的动机，又可以为专业理论知识和实践技能的教学提供示范，前者有利于提高学生学习动机的水平，后者有利于增进学生对有关教学内容的理解，而这两个方面都有利于增强教师的教学效果。因此，让学生参观实训成果展室有利于增强教师教学的效果。在教学实践中，根据教学的需要，专业课和实训课教师可以在课前安排学生到实训成果展室参观，可以上课时到展室结合所展示的成果进行讲解，可以课后安排学生去展室参观，还可以对课前、课中和课后参观展室的活动进行不同的组合。

3. 有利于提升学校的美誉度

实训成果展室展示的优秀生产性实训作品是高职院校师生特别是学生动手能力的直观反映，是高职院校教学质量和人才培养质量的有力证明。在实训成果展室展示师生优秀的生产性实训作品，就是向前来参观的各级领导、兄弟院校同仁和社会各界人士展示学校的教学效果和人才培养效果，这对于提升学校的美誉度大有裨益。此举也会为高职技术技能人才的培养赢得各种资源，继而促进技术技能人才的培养。

---

① 韩斌. 展示设计学[M]. 哈尔滨：黑龙江美术出版社，1996：4，13.

（二）高职校内生产性实训成果展室建设的可行性

1. 展示空间的限制较小，可因地制宜

"拥有场地是开展展示活动的必要条件"，但"只要展品和公众能方便地进出，对展示的地址基本无过多地限制"。[①]高职校内生产性实训成果展室建设正是如此。由于展品多为师生在生产性实训过程中制作的模具、零件之类的"小件"物品，而且大多是非易燃易爆品，所以，可以灵活利用校内生产性实训基地的空间进行展示，不一定要辟出专门的较大的房间作为展室。我们调查过的一所较早建立校内生产性实训成果展室的高职学院的情况就是这样。以前，该校在校实训中心专门用了一间不是很大的房间作为全校唯一的展室，后来学校迁往新址，实训中心没有了合适的房间，该校就"化整为零"，分别在各二级学院的校内生产性实训基地建设实训成果展室。如此一来，既充分利用了实训基地的空间，又增强了展室展示的专业性和针对性，还为各二级学院学生的参观学习提供了便利。

2. 展示设备的要求不高，建设成本低

高职校内生产性实训成果展室的展示中所需要用到的设备主要有展柜、展台、标示牌和照明灯等。尽管在比较专业的展示活动中，对这些设备的选择都比较讲究，但是在高职校内生产性实训成果展室的展示中却可以因陋就简，只要能比较整齐地摆放下展品、能让人方便地观看展品同时还能适当地保护展品即可。因此，高职校内生产性实训成果展室的建设对展示设备的要求不高，建设成本比较低。如果有需要，高职院校很容易备齐展室建设所需要的设备。

3. 展示作品为师生作品，供应较充足

展品是实现展示宗旨的基础，是传播信息的载体。[②]高职校内生产性实训成果展室中的展品为参加校内生产性实训的师生制作的优秀作品，既有典型的零件，也有一些参照生活用品和影视作品人物形象等制作的作品。由于校内生产性实训在不断地进行着，而且很多师生的动手能力都比较强，所以

---

① 韩斌. 展示设计学[M]. 哈尔滨：黑龙江美术出版社，1996：105.
② 韩斌. 展示设计学[M]. 哈尔滨：黑龙江美术出版社，1996：107.

校内生产性实训能够为实训成果展室提供比较充足的展品。当然,"优秀"是一个相对的概念,即使有些高职院校师生的动手能力稍差,他们制作的作品中也总能挑出可以供人参观、学习的作品。因此,高职校内生产性实训成果展室的展品供应比较充足。

4. 展室可纳入常规管理,不增加成本

对高职校内生产性实训成果展室建设而言,展示设备和展品问题都比较容易解决,而比较难以解决的,除了前面所说的展示空间问题,另一个就是展室管理问题。如果专门安排一名教师管理实训成果展室,无疑有利于做好展室各项管理工作,更好地发挥展室的作用,但这会增加校内生产性实训基地建设的人力成本。其实,实训成果展室管理可纳入实训基地常规管理,由基地管理人员兼任展室管理员,这样就可以不增加基地建设成本。

二、高职校内生产性实训成果展室建设的原则

(一)服务为主

如前所述,建设高职校内生产性实训成果展室,有利于激发学生学习的动机,有利于增强教师教学的效果,有利于提升学校的美誉度。在很多高职院校,"提升学校的美誉度"很受领导重视,这也是他们考虑建设实训成果展室的主要原因。但是,作为实训基地内涵建设的一部分,高职校内生产性实训成果展室建设必须以提高教学质量为根本出发点。[1]因此,与"提升学校的美誉度"相比,为学生学习和教师教学服务显然是高职校内生产性实训成果展室更为重要的功能,"服务为主"应成为高职校内生产性实训成果展室建设的基本原则。

(二)多元建设

高职校内生产性实训成果展室主要通过展示向参观者传递一定的信息,

---

[1] 王召鹏,徐通泉. 高职院校实训基地内涵建设的探索[J]. 实验技术与管理,2010,(8):175-176.

例如，实训基地的老师们和参与实训的同学们的动手能力很强，学校教学质量很好，每一个学生都有可能做出这样优秀的作品，某一件作品的加工过程是怎样的，等等。如果是实物的展示，可以很直观地提供其中许多信息，但是有一些信息，譬如作品加工所使用的材料、加工过程等，则难以直观地显示。倘若展室中的展示不仅仅提供实物，还配以简要的文字说明、适量的图片，甚至提供作品制作过程的简短视频，则有助于弥补这些不足，为参观者提供更加全面的信息。

（三）动态更新

建设校内生产性实训基地是实现高职院校学生技能培养与素质培养的重要途径，为了培养出"首岗适应、多岗迁移、可持续发展"的技术技能人才，高职院校校内生产性实训基地的建设应"贴近生产、贴近技术、贴近工艺"。[①]而生产、技术和工艺是在不断发展、进步的。因此，作为为学生学习和教师教学提供服务并展示高职院校教学效果和人才培养效果的场所，高职院校校内生产性实训成果展室展示的作品应该保持动态更新，以体现生产、技术和工艺的最新发展和师生技能的最高水平。

（四）简朴实用

由于校内生产性实训基地建设需要较多的资金投入，而我国高职院校大多办学基础较差，因此很多高职院校的校内生产性实训基地建设难以满足技术技能人才培养的需要。尽管随着职业院校布局结构调整、资源整合和资金投入力度逐年加大，职业院校校内实训基地建设近年来有了明显的改善，[②]建设资金不足仍然是很多高职院校校内生产性实训基地建设面临的一个主要困难。为了更好地满足技术技能人才培养对校内生产性实训基地的需要，高职院校在校内生产性实训基地建设中一方面要努力"开源"——争取各级政

[①] 吴弋旻，张雪娟. 校内生产性实训基地的探索与研究[J]. 实验技术与管理，2010，（4）：118.

[②] 付永生，阎卫东. 高等职业院校校内生产性实训基地价值链构建[J]. 现代教育管理，2014，（9）：93.

府和合作企业的资金投入，通过为社会提供产品、技术和服务等获得部分基地建设所需资金，另一方面要"节流"——在保证满足生产性实训基本需要的前提下，尽量控制建设资金的投入。在这样的背景下，作为高职院校校内生产性实训基地的一部分，实训成果展室的建设应做到简朴实用——各种设备简单、实用即可，展室内保持清洁、整齐即可，不必追求设备的品牌化，不必在展室装修上投入过多的资金。

三、高职校内生产性实训成果展室建设的内容

（一）建设目标定位

在就实训成果展室问题对高职院校教师进行的调查中，当我们问及"领导为什么想建展室？"时，某高职学院曾参与该校实训成果展室筹建的一位老师回答说，"领导鉴于当时到实训中心参观的人员较多，考虑展示一下成果，于是萌发建展室的想法"。可见，该校实训成果展室建设的最初目标是展示生产性实训的成果，提高学校的美誉度。这虽然只是我们所调查的一所高职学院建设校内生产性实训成果展室的初衷，但实训成果展室"展示生产性实训的成果，提高学校的美誉度"的功能无疑对很多高职院校具有较强的吸引力。当然，如前所述，实训成果展室还有利于激发学生学习的动机和增强教师教学的效果，其建设应以服务师生的教与学为主。因此，我们认为高职院校校内生产性实训成果展室的建设目标应定位于"以服务师生的教与学为主，并适当展示生产性实训的成果"。

（二）场地选择与设计

校内生产性实训成果展室的场地选择与设计要根据不同高职院校的具体条件而定。如果高职院校校内有足够的场地可供生产性实训成果展室建设使用，则其场地选择与设计可完全按照展示需要来进行，必要的时候还可以请专业的展示设计人员来进行展室设计。如果高职院校校内可供实训成果展室建设使用的场地有限，则有什么样的场地就用什么样的场地，然后根据可

利用场地的特点，结合展品特点和展示需要来进行场地设计。一般而言，展室应根据展品类型划分为多个不同的区，如优秀学生作品展区、教师作品展区等。

（三）基本设备配置

高职校内生产性实训成果展室建设中所需基本设备除了前面已经提到的展柜、展台、标示牌和照明灯之外，还有无尘布、防锈剂和灭火器等。可根据场地设计结果和展品特点来配置这些设备。配置时，除了设备性能、价格方面的考虑外，还要考虑到展柜、展台、标示牌以及照明灯具和灯光的颜色与展品及展室墙体颜色的协调，以免产生不好的审美效果。

（四）展示成果选择

在高职校内生产性实训成果展室展示的成果是从高职院校师生校内生产性实训成果中选择出来的。由于展室建设的目标为"以服务师生的教与学为主，并适当展示生产性实训的成果"，所以展示成果的选择需要遵循全面性和代表性两个标准。所谓全面性是指展示的成果要尽量覆盖该校（或二级学院）生产性实训各工种、各环节的作品。所谓代表性是指展示的成果要具有较高的水平，要能起到激发学生学习动机的作用，要能代表学校（或二级学院）师生作品对外展示。

（五）管理制度订立

制度管理是一种管理态势。[1]所谓制度，是指要求大家共同遵守的办事规程或行动准则。[2]为了实现高职校内生产性实训成果展室的有效管理，在展室建设的初期就应该制订出一系列相关的管理制度，包括展室安全管理制度、展室环境管理制度、展示设备管理制度、展品管理制度和参观事项管理

---

[1] 郑石桥，马新智. 管理制度设计理论与方法[M]. 北京：经济科学出版社，2004：124.
[2] 夏征农，陈至立. 辞海（彩图本）[Z]. 6版. 上海：上海辞书出版社，2009：2949.

制度等。在展室的日常管理中，要严格执行这些制度，以确保展室的有序运行。

四、高职校内生产性实训成果展室建设中的几对矛盾

（一）展室容纳量与展品密度的矛盾

对于很多高职院校来说，其校内可供生产性实训成果展室建设使用的场地是很有限的，因而其展室容纳展品的数量也是有限的。在这样的情况下，要做到前面所说的"展示的成果要尽量覆盖该校生产性实训各工种、各环节的作品"，就会使得展室中所陈列的展品的密度过大，影响展示的效果。为了解决展室容纳量有限与展品密度大的矛盾，一方面高职院校可以适当增加对展室建设的投入，多建几个展室，或扩大现有展室的面积；另一方面可以适当控制单次展示成果的数量，分批次展示所需展示的所有成果。

（二）展品淘汰与保养的矛盾

高职院校校内生产性实训在不断地进行，实训成果也在不断地被制造出来，其中不乏优秀成果。为了"体现生产、技术和工艺的最新发展和师生技能的最高水平"，高职校内生产性实训成果展室应该不断淘汰旧的展品，更换新的、更好的展品。那么，在展品被淘汰之前，是否应该对其进行保养呢？如果不进行保养，一些展品可能会以"锈迹斑斑"等不好的形象出现于展室中，这显然是不合适的。为了解决展品的淘汰与保养的矛盾，我们认为应该对那些生产较多又容易出现生锈等问题的展品做简单的保养处理，并提高这一类展品的更换速度；对于那些较少生产又容易出现问题的展品，可以对展品进行特殊的保养处理，例如，对展品的展示环境采取密封、干燥等处理措施。

（三）参观者的高要求与展室建设低成本的矛盾

在就实训成果展室问题对高职院校师生进行的调查中，很多高职教师和学生都希望学校多建几个校内生产性实训成果展室，有一些学生希望学校将

展品的生产过程拍摄下来，并在展室播放供学生观看，还有的学生希望学校的展室能够给人一种宽敞的感觉。无疑，师生们的这些要求都是合理的。但是，倘若真要实现他们的这些要求，高职院校就需要对实训成果展室建设投入较多资金，这与展室建设低成本的现实相矛盾。为了解决这对矛盾，一方面可以通过增进师生们对展室建设困难的了解来降低他们对展室建设的要求，另一方面可以通过增加照片和文字说明等途径来提供更多的展品信息，以更好地满足师生的要求。

目前，虽然我们难以准确获知国内有多少高职院校建有校内生产性实训成果展室，但从相关研究文献的贫乏状况来看，高职校内生产性实训成果展室建设问题显然未受到足够的重视。实际上，作为高职校内生产性实训基地的重要组成部分，高职校内生产性实训成果展室的建设对技术技能人才的培养具有多重作用，是高职教育基础能力"硬件"建设的重要内容之一[①]，理应受到高职院校领导和职业教育研究者们的重视。《教育部关于深化职业教育教学改革全面提高人才培养质量的若干意见（征求意见稿）》指出要"加强兼具生产、教学和研发功能的实习实训基地建设"，加强高职校内生产性实训成果展室建设应是其中"应有之义"。

（本篇撰写于 2015 年）

---

① 翟海魂. 职业教育基础能力建设[J]. 中国职业技术教育，2010,（6）: 5.

高职院校创业教育的目标定位与实践要点

2010年5月4日,教育部下发《教育部关于大力推进高等学校创新创业教育和大学生自主创业工作的意见》(教办〔2010〕3号),要求各地大力推进高等学校创新创业教育。国家主席胡锦涛在全国人才工作会议上也指出,当前我国高层次创新型人才匮乏,人才创新创业能力不强。加强创新创业教育,培养高层次创新人才是当前我国高校一项十分重要的工作。高职教育占据高等教育的"半壁江山",是我国高等教育的重要组成部分。早在2007年中国职业技术教育学会和北京光华慈善基金联合会联合举办的创业教育研讨会及创业师资培训班上,与会者就发出了"在职教领域开展创业教育已迫在眉睫"的紧迫呼声。[①]现在,在高职院校开展创业教育确实已"迫在眉睫",而且势在必行。高职院校教育向来以高素质技能型人才培养为主旨,其创业教育目标该如何定位,实践要点又有哪些?

一、高职院校创业教育的目标定位

(一)高职院校创业教育形势

创业教育是培养人的创业意识、创业精神、创业知识、创业心理品质和创业能力等创业素质,并最终使受教育者具有一定创业实践能力的一种教育,它被联合国教科文组织称为教育的"第三本护照",被赋予了与学术教育、职业教育同等重要的地位。以前,在以高素质技能型人才培养为主的高职院校,创业教育往往被当做素质教育的一部分,可能开展也可能不开展,

---

① 潘光. 我国职业教育创业型人才培养已是迫在眉睫[N]. 中国教育报,2007-3-20(1).

是各学校的"自选项目"。但是,《教育部关于大力推进高等学校创新创业教育和大学生自主创业工作的意见》文件下发之后,创业教育就成了高职院校的"必选项目"了。从"自选"到"必选",职业院校创业教育的目标会有怎样的变化？它应该如何定位？

(二) 高职院校创业教育目标定位

1. "分流"还是"育人"

《教育部关于大力推进高等学校创新创业教育和大学生自主创业工作的意见》文件指出:"在高等学校开展创新创业教育,积极鼓励高校学生自主创业,是教育系统深入学习实践科学发展观,服务于创新型国家建设的重大战略举措;是深化高等教育教学改革,培养学生创新精神和实践能力的重要途径;是落实以创业带动就业,促进高校毕业生充分就业的重要措施。"可见,高职院校开展创业教育应有两个现实目标:一是深化教育教学改革,二是促进毕业生充分就业。其中,"深化教育教学改革"是创业教育作为高职院校"自选项目"时已有的目标,而"促进毕业生充分就业"是此次成为"必选项目"后新增的目标。

据科学时报报道,近 10 年来,我国大学生创业率极低,创业成功率更低,前者不到大学毕业生数的 1%,后者也只有整个创业数的 1%不到,结合两者计算,每年 600 万之众的大学生,仅有几百人能成功创业。[1]既然如此,教育部为何还要求各地大力推进高等学校创新创业教育呢？我们认为,教育部此举固然有"深化教育教学改革"的育人目标,但它还有一个重要目标,那就是"分流"。众所周知,当前我国大学生就业形势十分严峻,应届毕业生加上往届未就业毕业生,数量巨大。开展创业教育,鼓励和引导大学毕业生投身创业实践,不仅可以解决创业学生本人的就业,还可能解决其他部分学生的就业问题。

高职院校毕业生虽然有一定的技能优势,但要想实现高质量就业也绝非

---

[1] 熊丙奇. 大学生创业成功率低 原因岂止创业教育薄弱[N]. 科学时报,2010-5-25(5).

易事,很多学生要么不停奔波于各地招聘市场,要么去当工作环境和待遇较差的操作工,继而频繁更换工作。高职院校开展创业教育,鼓励和引导毕业生创业,同样可以起到对毕业生进行"分流",缓解就业压力的作用,甚至可以为现在看来已经较高的就业率"锦上添花"。但是,我们认为,高职院校创业教育的目标不应定位于"分流"毕业生,而应是"育人"。"分流"只能暂时缓解就业压力,是治标,"育人"更有利于从根本上解决毕业生的就业问题,更有利于毕生生的长远发展和社会稳定。

2. 培育目标

高职院校创业教育的培育目标是什么？为了弄清楚这个问题,我们先来看看创业的含义。创业有广义和狭义之分。广义的创业是指创造各种奠定性事业,它强调事业的基础性、过程的开创性和成果的创新性；狭义的创业是指通过寻找和把握机遇,利用一定的物质或技术条件,创建一个能为社会提供某种产品或服务的企业、产业和职业岗位的经济行为[1]。

高职院校创业教育中的"创业"指的是狭义概念上的创业,它可以分为自主创业和非自主创业两种。自主创业也称自我创业,即自己创建企业,成就一项事业；非自主创业也称企业内创业,即在企业内注入创新理念、机制和活力,实现企业变革。[2]高职院校在开展创业教育时,应着重培育"创业型人才"。所谓"创业型人才",是指"具备一定的专业知识、较强的实践技能和创新意识,能够应用自己所掌握的知识和技能,动员和组织生产要素去创办实体,或在应聘岗位上不断创新,提高岗位价值,为应聘企业或部门创造更高效益的高级专门人才"。[3] "创业型人才"包括实体创业人才和岗位创业人才两类,前者是高职院校创业教育的直接目标,后者应为高职院校创业教育的主要目标。

---

[1] 邓长青,等. 大学生就业指导[M]. 武汉:华中科技大学,2008:138-139.
[2] 邓长青,等. 大学生就业指导[M]. 武汉:华中科技大学,2008:139.
[3] 王喆,王晓典,秦友德. 培养高技能创业型人才为区域经济建设服务[J]. 教育与职业,2007,(20):162.

二、高职院校创业教育的实践要点

（一）选择适当教育内容

根据上述"创业教育"和"创业型人才"的定义，高职院校创业教育应包括创业意识、创业精神、创业知识、创业能力和创业心理品质等内容。

创业意识是指在创业实践活动中对创业者起动力作用的个性意识倾向，它包括创业的需要、动机、兴趣、理想、信念和世界观等要素。[①]创业精神是指创业者主观世界中的那些具有开创性的思想、观念、个性、意志、作风和品质；创业精神的含义包括对机会的追求、创新和增长三个重要主题。[②]创业知识除了创业基础知识外，还包括专业、经营管理、政策法律、金融财会和公关交际学等方面的知识。创业能力包括专业技术能力、策划与创新能力、协调与组织能力、判断决策能力、指挥与控制能力、经营管理能力和交际沟通能力以及把握机会与创造机会的能力。[③]创业心理品质是指对创业者在创业实践过程中的心理和行为起调节作用的个性心理特征，包括自我调节控制情绪的能力、自信心、意志力、独立性、适应性、人际交往能力等。[④]在这些内容中，创业知识和创业能力教育是创业教育的主要内容，创业意识、创业精神和创业心理品质教育应与创业知识和创业能力教育有机结合，并贯穿于高职院校创业型人才培养的全过程。高职院校可以依据本校创业教育目标和师资、设备等情况选择已有创业教育教材中的相关内容作为创业教育内容，或组织力量编写校本创业教育教材。

（二）确定合适教育形式

在创业教育还是高职院校"自选项目"的时候，很多学校创业教育的形式有课堂教育和第二课堂两种。课堂教育是指在高职院校的就业指导或职业指导课程中包含"创业教育"这一章，学校通过开设这样的课程来在课堂上

[①] 刘素婷. 浅谈大学生创业教育的内容[J]. 职业技术，2009，（12）：71.
[②] 创业精神[EB/OL]. http://baike.baidu.com/view/1409432.htm.
[③] 胡明宝，等. 高职高专创业教育的内容与教育模式[J]. 湖北社会科学，2006，（1）：167.
[④] 刘素婷. 浅谈大学生创业教育的内容[J]. 职业技术，2009，（12）：71.

对学生进行创业教育。第二课堂是指学校通过创业教育讲座和社团活动等对学生进行创业"科普"和模拟实践。在这一时期，高职院校通过这两种形式对学生进行创业教育，旨在提高学生的综合素质。现在，教育部文件中已明确要求"把创新创业教育有效纳入专业教育和文化素质教育教学计划和学分体系，建立多层次、立体化的创新创业教育课程体系"，所以，就课堂教育而言，"创业教育"应该不再只是就业指导或职业指导课程的一章，而应该是一门独立的课程[①]；就第二课堂而言，传统的创业教育第二课堂与课堂教育一起培养出来的大多是处于"创业设想"水平的学生，这些学生与"创业型人才"在能力上还有一定的差距，主要差在缺乏创业实践能力，因而创业教育"第二课堂"应该在以前创业教育讲座和社团活动的基础上增加"校内创业实践"，并对以前的创业教育讲座和社团活动进行适当调整，增加一些创业实践的内容。

（三）培养或聘请必要教师

高职院校创业教育师资应分为三种类型，即创业教育课教师、创业"科普"教师和创业实践指导教师。创业教育课教师主要负责创业教育课堂教学，可以通过对校内就业指导或职业指导课程教师进行培训的方式培养；创业"科普"教师为学生做创业教育讲座，可以由创业教育课教师和从社会聘请的创业教育有关专家学者担任；创业实践指导教师负责对学生的模拟创业实践和真实创业实践进行指导，可以由创业教育课教师和从社会聘请的企业家、创业成功人士担任。创业教育课教师应该成为既能讲授创业教育理论课、开展创业教育讲座、指导社团创业教育活动，又能指导创业实践的"双师型"教师，他们可以通过积极开展创业教育方面的理论和案例研究、到企业挂职锻炼、参与社会行业的创业实践等方式来提高自己的"双师"素质。从社会聘请的人员均为兼职，其时间往往存在较多的变数，因而在进行创业教育任务的安排时应做好相应的准备，以确保创业教育计划顺利实施。

[①] 我们认为，为了保证高职院校就业指导或职业指导课程知识体系的完整性，原有课程中"创业教育"一章应该保留，但是其内容可以结合该课程开设时间和创业教育课程内容进行适当调整。

（四）采取合理评价手段

如前所述，高职院校创业教育的主要内容为创业知识和创业能力教育。因此，学习达标的学生应该具备一定的创业知识和创业实践能力。高职院校创业教育评价应分为创业教育课程评价和创业实践能力评价。创业教育课程评价以理论考试的方式进行，用以保证和检验学生创业知识学习的效果，但是难度不必像专业课一样高要求，以开卷形式考核即可。创业实践能力评价分为模拟创业能力评价和实体创业能力评价两个部分，由创业实践指导教师通过考察学生作品和实际表现来确定。其中，模拟创业能力是所有学生的必须考察项目，实体创业能力是可选考察项目；对具备实体创业能力的学生，可视其创业表现给予一定的奖励分。

（五）积极营造校园创业文化

校园文化熏陶是高职院校创业教育的重要组成部分。为了增强创业教育效果，高职院校应积极营造有利于"创业型人才"培养的校园精神文化、制度文化、行为文化和物质文化。

1. 营造有利于"创业型人才"培养的校园精神文化

一是把开拓创新、敢于冒险的精神融入学校文化中，并使之成为全体师生普遍接受和认同的价值观念；二是确立培养"创业型人才"的目标[1]。

2. 营造有利于"创业型人才"培养的校园制度文化

优秀的领导制度和管理制度有利于"创业型人才"的培养。领导要敢于开拓、创新；组织机构要精简，做到职责明确、办事效率高；人事管理要鼓励创新，要把教师是否具有创新意识和能力，是否在教学中注重培养学生的创业能力作为聘用教师时的一项重要考察标准；教学管理除加强日常教学管理外，应注重社会需求调查，根据社会对人才的需要及时调整专业结构和课程体系；学生管理不片面追求一致、统一，而是给学生充分的自治，创造一个民主、宽松的环境，允许不同个性的学生自由发展[2]。

---

[1] 楼洪昌，竺辉. 重塑职校文化，培养创业型人才[J]. 中国农村教育，2003，（8）：34.
[2] 楼洪昌，竺辉. 重塑职校文化，培养创业型人才[J]. 中国农村教育，2003，（8）：34.

3. 营造有利于"创业型人才"培养的校园行为文化

把创业教育贯穿于高职院校的各项具体工作中，并体现在教师和学生的创业行动上。对于学生，既鼓励以创办企业的方式进行创业，也鼓励以摆摊、开实体小店、开网店等方式进行创业；对于教师，既鼓励其自己创业，也鼓励他们与学生一起创业。无论师生创业形式是简单还是复杂，创业规模是小还是大，创业收益是好还是差，学校都要给予积极鼓励、帮助和引导。

4. 营造有利于"创业型人才"培养的校园物质文化

大学生创业与其人格特征息息相关，良好的校园物质文化环境不仅影响着学生人格的培养，同时为其创新、创业人格的塑造提供了物质方面的保障。[①]因此，为了增强创业教育的效果，高职院校应该加强教学科研文化设施、建筑群落、绿化美化、卫生环境等校园物质文化建设，使置身其中的大学生在个性品质、情感意志、行为活动等方面受到潜移默化的熏陶。

创业教育既有利于培养高职院校学生的创业精神和实践能力、促进学生全面发展和充分就业，又对增强生源紧缩背景下高职教育的吸引力具有重要意义，值得高职院校投入时间、人力、物力和财力去认真开展。当前，高职院校正处于创业教育"转型"期和新一轮教育改革启动期，如果能够准确定位创业教育目标，把握创业教育实践要点，并结合新的改革实践对原有创业教育资源进行适当调整和完善，高职院校有望顺利实现创业教育的"转型"，培育出大量适合和引领经济社会发展的"创业型人才"。

（本篇撰写于 2011 年）

---

① 路瑞峰. 校园文化对大学生创业的影响探析[J]. 中国成人教育，2008，（16）：44.

论创业教育热背景下高职学生创业意识的培养

《国家中长期教育改革和发展规划纲要(2010—2020年)》(以下简称《规划纲要》)在"职业教育"部分指出,"职业教育要面向人人、面向社会,着力培养学生的职业道德、职业技能和就业创业能力";在"高等教育"部分指出,要"加强就业创业教育和就业指导服务"。作为职业教育的较高层次和高等教育的一种类型,高职教育应"加强创业教育,着力培养学生的创业能力"。这貌似是对《规划纲要》相关内容的简单归纳,实则为高职教育和高职学生发展的迫切需要。在国家高度重视高校创业教育,各地高校纷纷设立创业教育机构、积极开展创业教育活动的背景下,开展创业意识教育,加强学生创业意识的培养,对高职院校创业教育的开展,对高职学生创业能力的培养和综合素质的提高以及就业都具有重要意义。

一、创业意识及其相关概念解析

创业是指通过寻找和把握机遇创造出新颖的产品和服务,并通过市场创建成为企业或新的产业,从而实现企业经济价值与社会价值[①],或者对现有工作岗位的有关资源进行重新组合[②],从而取得新的业绩和进步。它既有利于创业者个人和他人的就业与人生价值的实现,又可能推动产业演变和经济结构升级,促进经济社会发展,因而具有非常重要的经济、社会和个人价值。国内外创业教育实践表明,创业的基本知识和技能也可以通过教育获得。[③]因

---

① 李时春,常建坤,杨怡. 大学生创业与高等院校创业教育[M]. 北京:国防工业出版社,2004:10.
② 木志荣. 中国大学生创业研究[R]. 厦门大学博士后研究工作报告,2006:7.
③ 华中师大. 聚焦2011两会高等教育热点话题[EB/OL]. http://www.ccnu.edu.cn/show.php? conten-tid=1591,2011-03-18.

此，在社会经济发展遭遇危机、就业难问题凸显的时候，创业教育进入了人们的视野。

　　创业教育有广义和狭义之分。广义的创业教育是以人的综合素质与创新能力培养为核心，通过一系列教育活动，使学生成为具有开创型个性的人才的一种教育。狭义的创业教育是以创业基本素质与具体创业能力培养为主要目标，通过创业教育理论与实践教学、创业文化熏陶等方式使学生具备实体创业能力和岗位创业能力的一种教育。前者实质上是一种素质教育，重视过程，强调潜移默化的作用，是高职院校素质教育的一部分。后者实质上是一种技能教育，重视实践，强调真实岗位和环境的作用，与高职院校高素质技能型人才操作技能的培养具有一定的相似性。完整意义上的高职院校创业教育应该涵盖广义创业教育和狭义创业教育的内涵，它要让所有的高职学生的综合素质和开创个性得到培训和强化，现代创业意识和能力得到开发和提高，是着眼于未来人才的一种培养方式。[1]但在当前的创业教育热潮中，很多高职院校实施的创业教育实际上是狭义意义上的创业教育，注重创业能力培养是其明显特征。

　　创业能力是指"影响创业实践活动效率，促使创业实践活动顺利进行的主体心理条件；是以智力活动为核心的，具有较强综合性和创造性的心理机能；是与个性心理倾向、特征紧密结合在一起的，在个性的制约和影响下形成并发挥作用的心理过程；是知识、经验、技能经过类化、概括化后形成的，并在创业实践活动中表现为复杂而协调的行为动作"[2]，它包括专业技术能力、策划与创新能力、协调与组织能力、判断决策能力、指挥与控制能力、经营管理能力和交际沟通能力以及把握机会与创造机会的能力[3]。选择适当的教育内容、确定合适的教育形式、培养或聘请必要的教师、采取合理的评价手段并积极营造校园创业文化，[4]是对高职学生创业能力培养的系统思考，

---

[1] 王霞，侯怀银. 大学生创业教育的多学科透视[J]. 中国高等教育，2009，(Z2)：44.
[2] 彭刚. 创业教育学[M]. 南京：江苏教育出版社，1995：90.
[3] 胡明宝，等. 高职高专创业教育的内容与教育模式[J]. 湖北社会科学，2006，(1)：167.
[4] 何应林，陈丹. 高职院校创业教育的目标定位与实践要点[J]. 广州番禺职业技术学院学报，2011(1)：33-35.

为增强创业教育效果、促进学生创业能力培养提供了重要保障。

所谓创业意识,是指在创业实践活动中对个体起动力作用的个性意识倾向,主要包括创业的需要、动机、兴趣、理想、信念和世界观等心理成分,它支配着人们对创业实践活动的态度和行为,规定着态度和行为的方向和强度,具有较强的选择性和能动性。[①]有了创业意识,人们的创业能力培养活动就具有了自觉性和目的性,他们就能够在进行创业能力培养活动之前,预期培养结果,预先选择培养的方法和手段。[②]为了提高高职学生创业的成功率,在对他们进行创业意识教育时,应着重进行自主创业意识、艰苦创业意识、风险创业意识、开拓创业意识和合作创业意识等五种创业意识的培养。[③]

二、高职学生创业意识教育的定位与价值

在当前的创业教育热潮中,只有少数高职院校是在实践中认识到了创业教育在人才培养和毕业生就业工作中的重要作用而主动"创业"的,大部分学校都是应教育部的要求而动,这些学校不仅创业教育理论认识水平不高,相关实践条件也比较薄弱。在这样的情况下,希望高职院校"又好又快"地开展创业教育工作是不现实的,教育部应在提供必要的创业教育培训与指导的前提下,提倡高职院校根据区域经济发展特点和自身条件开展创业教育,以培育出独具特色的"创业型人才"。

创业意识教育就是在创业教育过程中对高职学生进行的关于创业的需要、动机、兴趣、理想、信念和世界观等的教育,而这些教育也是高职院校素质教育和就业教育的重要组成部分,因而高职学生创业意识教育实质上也是素质教育、就业教育。作为素质教育的高职学生创业意识教育不仅更加有利于学生的就业,还有利于学生的全面发展。因此,我们认为高职学生创业意识教育应该定位于素质教育,应着力于学生创业意识的培养,并带动其创业精神和创业人格等素质的养成以及创业能力的培养。

---

① 彭刚. 创业教育学[M]. 南京:江苏教育出版社,1995:87.
② 张积家. 普通心理学[M]. 广州:广东高等教育出版社,2004:7.
③ 周湘浙,谢志远. 试论大学生创业意识的培养[J]. 中国高等教育,2006,(10):58-59.

如前所述,创业意识对个体创业能力的培养和创业实践活动具有重要影响,而高职院校即使现有创业教育实践条件较弱,也可以借鉴以往开展素质教育的经验,开展创业意识教育工作,因而创业意识教育是高职创业教育的重要而可行的切入点。高素质技能型人才是高职院校人才培养的主要目标。在创业教育热背景下,这个目标仍然没有改变。但是,在创业教育由高职院校的"自选项目"变为"必选项目"、高职院校实施了创业意识教育后,高素质技能型人才的内涵会在原有基础上融入"有良好的创业意识、较强的创业精神、一定的创业能力和开创型个性"等新的内容,其就业竞争力更强。因此,开展创业意识教育对于高职院校创业教育的开展,对于学生创业能力的培养和综合素质的提高以及就业都具有重要意义。

三、高职学生创业意识培养的途径与策略

意识是社会的产物,它一经产生又反作用于客观现实,在人的社会生活中起着重要作用,包括创业在内的人的所有社会实践活动都是有意识的。[1]虽然我们难以直接控制高职学生的创业意识,但可以通过对其载体——高职学生进行培养,从而实现创业意识培养的目标。

(一)加大对创业教育的宣传力度,增进学生对创业的认知和情感,力促学生创业意识的产生

创业意识是对创业行为过程的注意关注,作为创业意识的载体和能动掌握者,学生对创业的深刻认知与积极情感无疑有助于其创业意识的培养。而且,创业意识不是天生就有的,所有关于创业的知识、技能以及激发创业意识的其他因素都是外在的,通过长期性、反复性灌输,可以加深学生对创业的认识和情感,为创业意识的形成打下坚实的基础[2]。因此,应对高职创业

---

[1] 叶奕乾,何存道,梁宁建. 普通心理学(修订版)[M]. 2版. 上海:华东师范大学出版社,2004:51-56.
[2] 周秋江. 试论新时期大学生创业意识的养成[J]. 国家教育行政学院学报,2009,(3):76.

教育宣传工作进行系统安排，使其内（高职院校内）外（社会上）结合、循环运转，以增进学生对创业的认知和情感，努力促使学生产生创业意识。具体而言，在社会上，可以利用网络、电视、报纸、广播等新闻媒体系统介绍创业成功人士艰苦创业的经历，树立典型，激发学生的创业激情，在学生的心田里播下创造和创业的种子；在高职院校，可以组织开展创业案例分析、举行自主创业报告会、开辟创业论坛、举办创业演讲和创业方案设计大赛等活动，潜移默化地培养学生的创业意识，为今后成功创业奠定基础[1]。

（二）建立完善创业教育体系，全面开展创业教育理论与实践教学，为学生创业意识的培养创造条件

在长期、反复的创业教育宣传的作用下，高职学生会萌生一定的创业意识，但要形成能作用于学生创业能力培养甚至创业实践活动的创业意识，还必须向学生提供创业理论教育、创业实践和创业文化，对初生的创业意识进行强化和培养。高职院校应根据国家经济发展的整体形势和所在区域经济发展的特点，建立起包括教育目标、教育内容、教育形式、教育方法、师资、实践基地、评价手段、创业文化和保障制度等要素的创业教育体系，全面开展创业教育的理论教学与实践教学，为学生创业意识之"苗"的成长提供各种必要的滋养。

在高职院校创业教育体系的构建中，师资队伍和实践基地建设是重点也是难点。关于创业教育师资队伍建设，美国高校的经验是吸收既有创业经验又有学术背景的人士进行教学和研究工作，并通过支持创业教育教师和非创业教育教师之间的合作与交流、组织教师参加创业模拟活动、对教师进行专门化培训、进行案例示范教学或讨论会以及组织教师参加各种学术会议等途径提高创业教育教师的素质。[2]目前，我国高职院校在开展创业教育时可能还难以聘请到足够数量的"既有创业经验又有学术背景"的创业教育教师，但是我们可以根据现有条件积极组建专兼结合的双师型创业教师队伍，并在

---

[1] 潘嵩, 时小燕. 创业意识的培养是构建高校创业教育运行机制的必要前提[J]. 前沿, 2006, (10): 64.
[2] 王彩华. 我国高校创业教育研究[D]. 上海：华东师范大学, 2007: 23.

师资培养和师资队伍建设过程中有意识地朝"既有创业经验又有学术背景"的方向努力。除此之外，美国高校创业教育师资队伍建设中所采取的其他措施我们是可以做到的，但需要有相关的制度保障和经费支持。关于创业实践基地建设，为了增强建设质量和基地服务能力，我们认为高职院校需要进行如下"系统"思考：一方面，高职院校应根据自身特点和有利条件，为学生的模拟创业和初步创业提供校内实践基地，同时积极寻求政府和企业的支持，在校外设立学生真实创业基地，从而形成从模拟到初步再到真实的创业实践基地类型系统；另一方面，高职院校要分别考虑各类创业实践基地的实践目标、项目、教材、师资、评价等要素，形成创业实践教学系统。

（三）营造宽松的文化氛围，为学生创业意识向创业的转化清除障碍

我国高职学生的创业率很低，其原因除了高职院校管理者、学生和家长对创业教育的认识存在很多误区[①]，高职院校开展创业教育的条件不足、效果不好，以及政府没有提供必要的创业服务之外，还有一个非常重要的原因，那就是"成王败寇"的文化氛围导致的对失败的恐惧。成功创业固然十分诱人，但要将创业意识成功转化为创业，必须首先经受住各种考验。除非是对创业成功信心十足，或者准备破釜沉舟，否则不敢轻谈创业。因而对于大多数阅历尚浅、资源有限的年轻高职学生来说，创业也就成了不敢尝试甚至不敢想的事情了。要想促使高职学生的创业意识向创业转化，必须在全社会营造一种宽松的文化氛围，让人们能够包容他人的失败，能够坦然面对自己的失败，从而让创业成为高职学生敢想敢试的事情。

（四）构建创业服务体系，为学生创业意识向创业转化创造有利条件

开展高职学生创业意识教育的最终目的是实现学生的"创业"——实体创业或岗位创业。在高职院校创业教育体系各要素的滋养下，学生创业意识

---

① 潘嵩，时小燕. 创业意识的培养是构建高校创业教育运行机制的必要前提[J]. 前沿，2006，(10)：63.

之"苗"进一步成长，继而还会开花结果——向创业转化。在这个阶段，主体还是学生，主导却应该由高职院校变成政府，因为在这个过程中，学生需要的实践机会、创业资金、咨询服务、创业管理、创业基地等支持，高职院校已无力全部提供甚至完全无力提供。政府要构建功能完善的大学生创业服务体系，为学生创业意识之"苗"的进一步成长提供攀附之"架"——大学生创业实践基地，并为学生最终的创业提供支撑之"台"——大学生创业服务平台、提供优惠政策的产业园。高职学生创业意识向创业转化的过程可能全部在高职院校校内进行，也可能一部分在校内一部分在校外进行，还有可能全部在校外进行。所以，政府在构建大学生创业服务体系时要对学生创业意识向创业转化的时间和空间有充分的考虑，尽量保证创业服务的连续性和有效性。

四、结束语

目前，创业教育是高职教育的热门话题，但由于不同院校所具备的创业教育实践条件不同，对创业教育的理解各异，因而所采取的措施良莠不齐，所取得的效果也不尽人意。虽然创业意识教育是高职创业教育的重要组成部分，是高职创业教育的重要而可行的切入点，对高职学生创业能力的培养、综合素质的提高以及就业都具有重要意义，但是高职院校不能图省事，以创业意识教育代替创业教育，而应该在做好创业意识教育工作的同时，积极完善创业教育实践条件，努力增进对创业教育的理解，以便全面开展创业教育，促进学生创业能力的培养和综合素质的提高。

（本篇撰写于 2012 年）

有创业意向大学生对创业和创业教育的看法
——基于60份非结构型问卷的分析

大学生是高校创业教育的主体之一,他们对创业和创业教育的看法,关系到创业教育活动的成效,对高校创业教育的开展具有重要的参考价值。为了增强高校创业教育的效果,我们就有创业意向的大学生对创业和创业教育的看法进行了调查。

一、调查方法

我们用自编的问答式非结构型问卷对湖北省某高校在校学生进行了调查。所谓非结构型问卷,也称开放式问卷(Open Form Questionnaire),它提出问题但不列可能答案,由被试自由陈述;其问卷题型可以是填空式的,也可以是问答式的。[1]使用非结构型问卷的不足之处是问卷填写需要花费较多时间,而且对调查结果进行整理也比较麻烦,但优点是有利于了解被调查者的真实情况和想法。

本研究要讨论的内容主要涉及调查问卷中的以下问题:

(1)在你看来,什么叫创业?

(2)你觉得创业大学生应该具备哪些创业能力?如何才能获得这些能力?

(3)你觉得是应该对所有大学生进行创业教育,还是只对有创业意向的大学生进行创业教育?为什么?

(4)你觉得高校应该以什么形式开展创业教育?你为什么认为应该这样?

---

[1] 裴娣娜. 教育研究方法导论[M]. 合肥:安徽教育出版社,1995:171.

（5）你觉得高校应该为准备创业的大学生配备专门的创业指导老师，为他们提供针对性的创业指导吗？你觉得这样做有什么意义？

我们采用整群随机抽样的方法，从该校药品经营与管理、计算机应用技术、旅游管理、动画设计、市场营销、机电一体化、管理工程、财务会计、生物技术和财务管理等10个专业抽取了100名学生，向他们发放问卷。收回问卷93份，其中有效问卷89份。在有效问卷中，有创业意向的有60份，其中，男生24份（40%），女生36份（60%）；大一18份（30%），大二19份（31.7%），大三21份（35%），大四2份（3.3%）。我们设计了一个表格，将有创业意向被调查大学生的性别、所学专业、年级和对上述问题的回答全部录入表格，再分别对各个项目的信息进行整理和分析。

二、结果与分析

（一）什么叫创业

关于"在你看来，什么叫创业？"，有创业意向的大学生们的观点可以分为两类。有7名大学生直接借用百度百科中关于"创业"的定义来回答这个问题，认为"创业是指某个人发现某种信息、资源、机会或掌握某种技术，利用或借用相应的平台或载体，将其发现的信息、资源、机会或掌握的技术，以一定的方式，转化、创造成更多的财富、价值，并实现某种追求或目标的过程"[①]。从这个回答可以看出，创业是一个"创造财富、价值，并实现某种追求或目标的过程"。另有18名大学生认为创业是一种创造财富、价值或实现目的的活动。也就是说，大致认同"创业是一个'创造财富、价值，并实现某种追求或目标的过程'"这一类观点的大学生共有25人，占到总人数的41.7%。另一类观点认为，创业就是"为自己""创造"出一份"事业"来。具体表现为，认为创业是"创造自己的事业"或者"自己做老板"。持这一类观点的大学生有22人，占总人数的36.7%。

---

① 创业[EB/OL]. http://baike.baidu.com/view/2309.htm, 2012-6-17.

那么,究竟什么叫创业?这些大学生关于创业含义的认识正确吗?我们认为,创业是指"通过寻找和把握机遇创造出新颖的产品和服务,并通过市场创建成为企业或新的产业,从而实现企业经济价值与社会价值",或者"对现有工作岗位的有关资源进行重新组合,从而取得新的业绩和进步"。持两类不同观点的大学生从不同的角度谈了他们对创业含义的认识,他们的观点契合创业含义的部分要点,但不够全面和准确,而且,具体到每一个大学生的回答,其观点更是有待完善。这说明这些大学生对创业有一定的认识,但还需要进一步学习提高。

(二)创业大学生应该具备的创业能力及其获得方法

创业能力是创业活动开展的基础,是大学生创业取得成功的关键。在2012年KAB创业教育年会上,教育部高校学生就业指导中心主任助理宁小华指出,高校的创业教育要实现从知识传授为主,向创业能力、职业能力培养为主的转变。[1]

关于创业大学生应该具备的创业能力,60名有创业意向的大学生在问卷中提到了如下一些:资金筹集能力、企业运作能力、营销能力、管理能力、交际能力、学习能力、创新能力、应变能力、分析决策能力、专业能力、时间管理能力、机会敏锐捕捉力和遇到问题冷静处理问题的能力。这些创业能力基本涵盖了创业大学生应具备的创业能力。但是,具体到每一个学生,他们只提到了其中的一种或几种能力,没有人提出所有这些能力。这说明大学生们对创业能力的认识还不够全面。

创业大学生如何才能获得这些创业能力呢?有创业意向的大学生们的观点主要包括两部分:一部分是加强知识和经验的学习,譬如通过课堂学习掌握过硬的专业知识、"多与专业课老师沟通,请教相关知识和经验"、广泛阅读报刊杂志及与创业相关的书籍、学习成功创业者们的经验等。另一部分是加强实践,譬如多参加和组织一些集体活动、在社会上做兼职以及在不影

---

[1] 陈璇.创业教育仍是教育部工作重点[N].中国青年报,2012-4-9(T1).

响学业的前提下摆个小摊位等。在对这个问题的认识上，尽管学生们的表述各不相同，但基本上都认识到了大学生创业能力的获得既需要理论知识和经验的学习，也需要相关实践。不过，他们都只是从学生个体的角度来谈如何才能获得这些创业能力，没有指出高校在这方面应有的作为。

（三）高校创业教育应以谁为对象

"你觉得是应该对所有大学生进行创业教育，还是只对有创业意向的大学生进行创业教育？"对于这个问题，48.3%的有创业意向的大学生认为应该"对所有大学生进行创业教育"，其理由可以归纳为以下六类：第一，可以丰富大学生的创业知识和有关经验；第二，有利于培养大学生的创新、创业意识和创造力；第三，有利于大学生正确认识创业，正确规划自己的大学生涯和职业生涯；第四，可以为今后创业的大学生打下良好的基础；第五，可以激发潜在的创业者；第六，有助于缓解大学生就业压力。28.3%的有创业意向的大学生认为应该"只对有创业意向的大学生进行创业教育"，其理由可以归纳为以下四类：第一，对创业不感兴趣的大学生，创业教育对他们没有价值；第二，没有创业打算的大学生就没必要接受创业教育；第三，有利于增强创业教育效果；第四，有利于节约教学资源。还有 1 名有创业意向的大学生认为"应该先对所有大学生进行创业教育，然后再系统地为准备创业的大学生进行专业的创业教育"，实际上这名大学生也是支持"对所有大学生进行创业教育"的，但她没有给出作出这样选择的理由。

对于认为应该"对所有大学生进行创业教育"的六类理由，我们表示赞同。对于认为应该"只对有创业意向的大学生进行创业教育"的四类理由，我们觉得第三和第四类有一定的道理，但是不赞同第一和第二类。高校创业教育对那些对创业感兴趣（或有创业意向）的大学生和对创业不感兴趣（或没有创业意向）的大学生都有价值，对于前者，其价值在于"可以丰富大学生的创业知识和有关经验""有利于培养大学生的创新、创业意识和创造力""有利于大学生正确认识创业，正确规划自己的大学生涯和职业生涯"和"可以为大学生今后的创业打下良好的基础"，对于后者，其价值在于"可以丰富大学生的创业知识和有关经验""有利于培养大学生的创新、创业意识和创造力""有利于大学生正确认识创业,正确规划自己的大学生涯和职业生涯"和"可以激发潜在的创业者"。

我们认为,高校创业教育应以所有大学生为对象;高校应该先对所有大学生开展普及性的创业教育,再对准备创业的大学生开展针对性的创业教育。我们的观点与那个认为"应该先对所有大学生进行创业教育,然后再系统地为准备创业的大学生进行专业的创业教育"的女大学生的观点是相似的,但她对高校创业教育对象及开展方法的阐述不够清晰和准确。

(四)高校应以怎样的形式开展创业教育

高校创业教育常见的开展形式有开创业教育课、举办创业教育知识讲座、开展创业计划大赛和让学生在校内外实践基地进行创业实践等。那么,有创业意向的大学生们对高校创业教育开展形式的认识是怎样的?调查结果显示,在60名有创业意向的大学生中,有25人次认为应该"开创业教育课",有24人次认为应该"举办创业教育知识讲座",有18人次认为应该"开展创业计划大赛",有28人次认为应该"让学生在校内外实践基地进行创业实践",有26人次认为应该"理论(开创业教育课、举办创业教育知识讲座)+实践(开展创业计划大赛、让学生在校内外实践基地进行创业实践)",有14人次认为应该"开创业教育课+举办创业教育知识讲座+开展创业计划大赛+让学生在校内外实践基地进行创业实践"或"以多种形式开展",还有18人对此问题没有自己的认识(空白)。可见,大部分有创业意向的大学生对此问题都有自己的认识,他们对"开创业教育课""举办创业教育知识讲座""让学生在校内外实践基地进行创业实践"和"理论(开创业教育课、举办创业教育知识讲座)+实践(开展创业计划大赛、让学生在校内外实践基地进行创业实践)"四种形式的认同度都比较高,而且比较重视"创业实践"在创业教育中的作用。

有创业意向的大学生们对高校创业教育的开展形式为何会有这样的认识呢?问卷内容显示,有创业意向的大学生们认为,创业需要"必要的理论基础知识"、"不能空谈实践",所以"开创业教育课"和"举办创业教育知识讲座"两种能够向学生传授创业理论知识的形式十分必要;有一些学生认为,"实践比较容易锻炼自己的能力,比看书或者听讲座之类的有效""拥有一定的知识和能力后,应该学以致用",因此,他们对"创业实践"比较重视;当然,"创业需要理论加上实践才会在真正的创业道路上取得成功"、"从多角度全方面来进行创业教育"更有利于提高大学生创业成功率,因而对此问题做出了回答的大部分学生都认为高校创业教育应该以"理论(开创业教育课、举办创业教育知识讲座)+实践(开展创业计划大赛、让学生在校内外实践基地进行创业实践)"的形式开展。

我们也认为,高校应以"理论(开创业教育课、举办创业教育知识讲座)+实践(开展创业计划大赛、让学生在校内外实践基地进行创业实践)"的形式开展创业教育。而且,我们认为高校应该对这种形式中的四项内容进行系统安排,以充分发挥这些内容的作用,使接受创业教育的大学生们能够获得必要的创业知识和能力。

（五）高校是否应该为准备创业的大学生配备专门的创业指导老师

在本研究中,所谓"准备创业的大学生"是指将要真正创业的大学生,而"有创业意向的大学生"是指有创业打算的大学生,它包括将要真正创业的大学生,也包括仅考虑过创业但不会真正创业的大学生。

对于"你觉得高校应该为准备创业的大学生配备专门的创业指导老师,为他们提供针对性的创业指导吗？你觉得这样做有什么意义？"这两个问题,在60名有创业意向的大学生中,只有2人未作回答。在其他58人中,有83.3%的人认为"高校应该为准备创业的大学生配备专门的创业指导老师,为他们提供针对性的创业指导",他们认为这项工作有以下意义:(1)让大学生们对自己的特点有更加清楚的认识,避免或减少他们的盲目创业;(2)帮助大学生们把握正确的创业方向;(3)让大学生们对创业道路上可能遇到的各种情况有所准备;(4)增强大学生们的创业技能。只有16.7%的人表示"高校没有必要为准备创业的大学生配备专门的创业指导老师,为他们提供针对性的创业指导",他们认为这项工作没有作用或作用不大,这样的评价在当今高校创业教育师资队伍水平普遍不高的情形下并不严苛。

我们认同上述持肯定态度的大学生们对"高校为准备创业的大学生配备专门的创业指导老师"意义的认识。我们认为,高校应该为准备创业的大学生配备专门的创业指导老师,为他们提供针对性的创业指导;而且,高校应该对那些创业指导老师进行必要的培训,以确保他们能够为准备创业的大学生提供有效的指导。

三、启示与建议

(一)做实做强创业教育

从有创业意向的大学生们对"高校为准备创业的大学生配备专门的创业指导老师,为他们提供针对性的创业指导"的作用的评价来看,高校应该加强创业教育师资队伍建设。从有创业意向的大学生们对创业的含义和创业大学生应该具备的创业能力等问题的认识来看,他们对创业和创业教育的认识还不够准确和全面,还需要进一步学习提高。这些表明,高校创业教育工作需要进一步细化和强化。

在高等学校开展创新创业教育,积极鼓励高校学生自主创业,是深化高等教育教学改革,培养学生创新精神和实践能力的重要途径;是落实以创业带动就业,促进高校毕业生充分就业的重要措施。[①]面对依然严峻的就业形势和日趋严峻的生源形势,高校应该做实做强创业教育,以发挥其在增强学校吸引力和畅通学校出口两个方面的重要作用。

(二)先开展"普及性创业教育",再开展"针对性创业教育"

"普及性创业教育"既包括创业基础知识的传授,也包括基本创业能力的培养,这些知识传授和能力培养的主要目的不在于直接为学生的创业服

---

① 中华人民共和国教育部. 教育部关于大力推进高等学校创新创业教育和大学生自主创业工作的意见[Z]. 教办[2010]3号,2010-5-4.

务，而在于增进所有学生的创业素质。与此不同，"针对性创业教育"是针对创业实践中可能遇到的各种问题进行理论知识传授和创业能力培养，其主要目的在于提高有创业意向的学生解决创业实践问题的能力，为学生未来的创业服务。我们建议，高校先以所有大学生为对象，对他们开展"普及性创业教育"，在此基础上，对准备创业的大学生开展"针对性创业教育"。

（三）系统安排有针对性的创业教育

上述四种创业教育形式是以所有大学生为教育对象的"普及性创业教育"的基本教育形式。高校应根据创业基础知识传授和基本创业能力培养的需要系统安排这几种教育形式，使大学生通过理论与实践相结合的方式顺利达到这种创业教育的目标。"针对性创业教育"可以根据其教育目标从上述四种教育形式中选用合适的形式，进行创业实践训练是其重点。

（四）配备专门的创业指导老师，提供针对性的创业指导

如前所述，"高校为准备创业的大学生配备专门的创业指导老师，为他们提供针对性的创业指导"，对准备创业的大学生们具有十分重要的意义，这些专门的创业指导老师可以由"普及性创业教育"阶段的教师兼任，也可以专门聘请有创业实践经验的人担任。但是不管由哪一类人担任，这些创业指导教师都应该能为准备创业的大学生们提供有效的指导。为此，高校应该对专门的创业指导老师进行必要的培训。

（本篇撰写于 2012 年）

基于创业失败案例的高职大学生创业能力培养策略研究

目前,创业教育已成为高职教育的"必选项目",高职院校需要在培养高技能应用型人才的同时,培养出高素质"创业型人才"。在创业教育中,创业能力的培养是重点也是关注的焦点,研究者们从概念[①]、结构[②]、影响因素[③]、形成机制[④]等不同角度对创业能力进行了研究。但是,在已有研究中,鲜见从创业失败角度进行的研究。鉴于此,本文将基于 24 个大学生创业失败案例,从创业失败的视角对高职大学生创业能力培养策略进行研究,希望对高职创业教育工作的开展有所助益。

一、高职大学生应具备的创业能力

(一)大学生创业能力存在的问题——基于 24 个创业失败案例的分析

教育部《关于大力推进高等学校创新创业教育和大学生自主创业工作的意见》(教办〔2010〕3 号)文件发布以来,各地高校纷纷开展创业教育。但是,很多高校在创业教育中都喜欢运用成功的案例。在一些案例中,创业

---

① 唐靖,姜彦福. 创业能力概念的理论构建及实证检验[J]. 科学学与科学技术管理,2008,(8):52-57.
② 肖贻杰,关云飞. 高职学生创业能力结构及其培养现状分析[J]. 教育与职业,2011,(33):104-106.
③ 买忆媛,甘智龙. 我国典型地区创业环境对创业机会与创业能力实现的影响——基于 GEM 数据的实证研究[J]. 管理学报,2008,(2):274-278.
④ 贾少华. 大学生创业能力的获得——对浙江义乌创业者创业实践调查的启示和思考[J]. 中国高教研究,2008,(7):74-76.

者似乎从开始创业之日起，就踏上了成功的道路。虽然创业教育应该树立信心、鼓舞士气，但基于绝大多数人的创业过程免不了艰难困苦的现实考虑，创业教育不应该忘记失败的案例和艰难的过程。[①]我通过网络、报刊等途径搜集到了24个普通高校大学生创业失败案例。其中，有9个为在校大学生创业失败案例，占37.5%，15个为大学毕业生创业失败案例，占62.5%；创业大学生为男性的案例有20个，占80%，为女性的有4个，占20%；创业项目涉及网络、餐饮、教育培训、婚庆、旅游、废品回收、零售等多个行业。通过对这些案例进行分析，我发现创业大学生的学习能力、判断决策能力、经营管理能力和自我管理能力等四种创业能力有待提高。

1. 学习能力

学习能力是指以快捷、有效的方式获取知识，并用以改变自身知识结构的一种能力，它包括学习策略、思维技能和学习技能三个要素。[②]学习能力是其他各种能力形成的基础，因而也是创业能力的重要组成部分。在大学生创业过程中，创业前需要学习创业理论知识，创业过程中需要不断地学习政策、法规、产品制作、消费者心理、经营管理、交际沟通等方面的知识和技能。没有这些知识和技能的学习与掌握，大学生创业能力的形成、发展和创业活动的开展都将受到严重影响。然而，我们在创业失败案例中却发现，很多创业大学生并没有很好地掌握有关知识和技能。例如：由于缺乏基本的法律知识，有的创业大学生与别人订立了无效的合同，有的在与别人产生纠纷后不知道利用法律手段解决；有的创业大学生创业过程缺自我定位和市场调研，或者忽略了创业团队的组建，或者对所做的项目不熟悉，或者策划不充分；等等。这些创业大学生无疑都是希望获得创业成功的，他们应该知道创业有关知识和技能对于他们有多么重要，应该会努力通过创业教育课或自学等途径去掌握，但实际情况却不容乐观。导致这种结果的原因可能有很多，比如创业教育质量不高、学习时间不够，但创业大学生学习能力不强应该是主要原因。

---

① 张国圣. 创业教育不应"忘记"失败案例[N]. 光明日报，2009-5-26（6）.
② 林毓锜. 学生学习素质论——一个有待重视、探讨与利用的范畴[J]. 高等教育研究，2011,（9）：23.

2. 判断决策能力

判断决策能力包括判断能力和决策能力两种。判断能力是肯定或否定某种事物的存在，或指明它是否具有某种性质的能力。而决策能力是指组织或个人为了实现某种目标而对未来一定时期内有关活动的方向、内容及方式进行选择或调整的能力。[①]大学生在创业过程中需要对自身条件和外在事物作出各种判断，并根据创业需要对创业活动的方向、内容及方式等进行选择或调整，因而应该具备较强的判断决策能力。但是，从创业失败案例来看，很多创业大学生在这方面却有待提高。例如：有一个大学生明显不适合创业，但他在大四时创了业，结果分文未赚还背上了100多万元的债务，尽管如此，他仍然很自信，认为如果能找到合适的合作者，自己还可以"重出江湖"；有一个大学毕业生在广州开了一家桂林米粉店，刚开始时按照正宗桂林米粉的标准下料，生意尚可，由于对物价上涨的影响判断不准确，他在维持米粉售价不变的情况下仍按原来的标准下料，结果销售较好却赔本了，于是他决定涨价，但这个决策也不对，一涨价客人就猛减，结果他的米粉店开业仅5个月就关门了。

3. 经营管理能力

经营管理能力包括经营能力和管理能力两种。经营能力是指个人或团体为了实现某些特定的目的，运用经营权使某些物质（有形和无形的）发生运动从而获得某种结果的能力。[②]而管理能力是指通过计划、组织、控制、激励和领导等环节，协调人力、物力和财力资源，以期高效率地达到组织目标的一种能力。[③]创业大学生的经营管理能力直接决定创业项目能否顺利运作，能否盈利，因而对其创业成败具有重要影响。然而，很多创业大学生特别是在校创业大学生，没有参加过真实的经营、管理活动，甚至都没机会参加一些模拟的经营、管理活动，因而也就无法培养出创业所需要的经营管理能力了。这样的大学生去创业，即使有很好的项目或产品，也难以获得创业的成功。例如：一名来自恩施土家族的女大学生在武汉开了一家烧饼店，将土家

---

① 周三多，等. 管理学——原理与方法[M]. 上海：复旦大学出版社，1999：221.
② 经营[EB/OL]. http：//baike.baidu.com/view/369938.htm，2012-03-03.
③ 宋维明. 管理学基础[M]. 北京：中国林业出版社，2006：1.

"掉渣儿"烧饼引入大都市。由于烧饼供不应求,该大学生不久便注册成立了武汉掉渣儿食品管理有限公司,旗下有两家直营店,同时开始推广加盟连锁经营模式。短短几个月,加盟店就拓展到数十家,并迅速向北京、上海等大城市辐射。但是,由于该创业大学生缺乏经营管理能力,加盟店很快一哄而散,还有加盟商以欺诈为由将她告上了法庭。结果,公司成立不到一年就亏损严重,最后竟以 5000 元低价甩卖"掉渣儿"烧饼的"秘方"。

4. 自我管理能力

自我管理能力是指个体依靠主观能动性,按照社会目标,有意识、有目的地对自己的思想、行为进行转化控制的能力。[①]由于创业资源和经验不足,创业大学生在创业初期大多面临很多困难。如果创业大学生自我管理能力不强,很多困难不但得不到及时、有效的解决,还可能由小变大,并最终导致创业失败。反之,创业大学生或许还有可能避开自己的短处,在创业困境中站稳脚跟。例如:南京某大学生创业不久就在某别墅区租了一栋别墅作为休息和办公场所,在外面长租一辆小车代步,还没赚到钱就奢侈地享受,结果很快就入不敷出,其创业项目仅半年多的时间就以失败告终。与该大学生相反,有两名创业大学生尽管暂时处于不利状态,但是自我管理能力很强,让人对其未来的创业成功充满信心——这两名大学生在海口联合创建了海南首个废品收购网站,收起了废品。尽管很辛苦,但为了自己的创业目标,他们一直坚持着。由于经验、资金不足,他们的第一次创业最后还是失败了。但是,他们在失败后依然保持着良好的心态,并积极为以后的再次创业积累经验和资金。

(二)高职大学生应具备的创业能力

高职大学生与普通高校大学生都是有着较高知识水平、具有较强创新思维能力的年轻人,他们的创业活动也都要遵循创业的一般规律,目前尚无证据证明他们在创业能力结构方面有何不同,我认为上述从普通高校大学生创业失败案例中分析得出的创业能力,高职大学生也应该具备。不过,根据高

[①] 自我管理能力[EB/OL]. http://wiki.mbalib.com/wiki/%E8%87%AA%E6%88%91%E7%AE%A1%E7%90%86%E8%83%BD%E5%8A%9B.

职大学生的学习基础和智力特点，我认为在一些具体的创业能力——比如学习能力和经营管理能力上，二者可能存在一定的差异。一般来说，高职大学生的学习能力可能比普通高校大学生要弱一些，但是在经营管理能力的培养上，他们却又占有一定的优势。此外，根据一般创业活动的特点，我认为高职大学生还应该具备识别、利用和创造机会的能力，专业技术能力，创新能力，交际沟通能力以及心理承受能力等创业能力。也就是说，高职大学生应该具备识别、利用和创造机会的能力，学习能力，判断决策能力，专业技术能力，创新能力，经营管理能力，自我管理能力，交际沟通能力以及心理承受能力等创业能力。在高职创业教育中，高职院校应结合学生的特点并充分利用各种创业教育条件，全面培养学生的创业能力。

二、高职大学生创业能力培养的策略

如前所述，创业能力培养是高职创业教育的重点。那么，如何才能有效培养高职大学生的创业能力呢？根据对24个大学生创业失败案例的分析，并结合对一些高职院校创业教育实践的了解，我认为，导致大学生创业能力不足的原因主要有三个：创业理论知识掌握不好、参与创业实践活动不够和未进行针对性训练。针对这些原因，高职院校应采取以下策略，全面、扎实推进创业教育工作，以增强高职大学生创业能力培养的效果。

（一）构建课程体系，扎实做好创业教育理论教学

课程是教学的基本载体。为了扎实做好创业教育理论教学工作，为高职大学生创业能力的培养打好知识基础，高职院校应构建包括课程目标、课程内容、教学模式、师资、评价方式等要素的创业教育课程体系。创业教育课程的目标是培养学生的创业基本素质以及创新个性，使其具有基本的创业意识、创业心理品质、创业知识和技能，其中培养学生的知识技能应是课程的重点。[①]创业教育课程包括创业基础知识、相关专业知识以及政策法律、经

---

① 刘强，李金星.基于大学生创业知识培育的学科课程体系研究[J].继续教育研究，2010，（9）：143.

营管理、金融财会和公关交际学知识等方面的内容。目前，高职院校大多通过一门概论性质的课来传授这些知识，但这样做效果往往较差。比较合理的做法是根据上述高职大学生创业能力涉及的有关能力，将相关知识整合到几门课程中，然后分别开展教学。创业教育课程的教学模式除了传统的课堂讲授模式外，还有案例讨论、角色模拟、基地实习、项目实践等模式，可以将这些教学模式结合起来使用。[①]理想的创业教育课程师资是既具有理论教学能力又具有实践教学能力，还有一定创业实践经验的双师型教师，但目前高职院校创业教育师资大多不具备"双师"素质。可以通过让这些教师积极开展创业教育方面的理论和案例研究、到企业挂职锻炼、参与社会行业的创业实践等方式来提高自己的"双师"素质，同时通过聘请企业家和创业成功人士担任兼职创业教育指导教师的方式来解决创业教育课程教师创业实践经验不足的问题。创业教育课程的评价以理论考试的方式进行，用以保证和检验学生创业知识学习的效果，但是难度不必像专业课一样高要求，以开卷形式考核即可。

（二）创建实训系统，为学生提供参与创业实践活动的机会

如果说创业教育理论教学的作用是为高职大学生创业能力的形成提供创业知识素材，那么，创业实践活动的作用就是将这些素材转化为创业能力。创业的本领主要不是来自课堂，而是来自实践。[②]高职大学生的创业能力是在创业实践活动中形成和发展起来的。然而，由于对创业教育认识水平和实践条件的限制，在高职院校以往的创业教育中，大多是在概论性质的创业教育课上简单介绍一下创业能力的定义、特点、构成、培养方法和途径等，很少提供给学生参与创业实践活动的机会，因而创业能力对于很多高职大学生来说是"似曾相识，却不曾掌握"。这样的后果是有些高职大学生说起创业来头头是道，信心十足，一旦真刀实枪地干起来，就像失败案例中那些创业大学生一样，手忙脚乱，丢三落四，很快败下阵来。高职院校创业教育应该

[①] 辜胜阻，洪群联. 对大学生以创业带动就业的思考[J]. 教育研究，2010，(5)：66.
[②] 贾少华. 大学生创业能力的获得——对浙江义乌创业者创业实践调查的启示和思考[J]. 中国高教研究，2008，(7)：76.

改变这种局面，多为学生提供参与创业实践的机会，强化学生创业能力的培养。为此，高职院校应充分利用自身现有各种资源，并积极争取合作企业和政府有关部门的支持，建立起创业实践目标、项目、教材、师资、评价等要素齐备的、包括校内模拟创业基地和校外真实创业基地的高职大学生创业实训系统。

（三）配备专门教师，为创业学生提供针对性指导

目前，创业教育已成为高职教育的重要组成部分，无论高职大学生是否创业，高职院校都应该向其提供创业教育，使其基本具备前述创业能力。这里的"创业教育"包括创业理论知识教学和参与创业实践活动等内容，它其实是高职院校素质教育的一部分。对于有创业意向的高职大学生来说，这样的"创业教育"培养出的创业能力是无法满足其创业实际需要的，高职院校还应该配备专门教师，为他们提供针对性的指导，使他们的创业能力进一步提高。专门的创业指导教师应该具备丰富的创业理论知识、熟练的创业测评工具使用技能和一定的创业实践经验。这里面有两点难于做到：一是创业测评工具的配置，二是教师创业实践经验的积累。对于前者，高职院校可以将其费用纳入创业教育专项经费，有计划、有步骤地实现；对于后者，高职院校可以考虑引进有一定创业实践经验的人作为专门的创业指导教师，或者允许校内创业指导教师边工作边创业，以积累实践经验。此外，这种针对性创业指导的对象该如何界定，也是具体实施时必须考虑的一个问题。是针对所有有创业意向的学生，还是只针对即将毕业的学生？如果是前者，如何做好时间的安排以便兼顾其学业？在具体指导过程中，教师除了根据测评结果设计专门的训练以强化创业学生的创业知识与技能外，还应该为准备启动创业项目的学生把关，看其是否基本具备正式创业的条件，以避免他们的创业像创业失败案例中的大学生们那样，刚"扬帆"就"触礁"了。

（本篇撰写于 2012 年）

大学生创业失败的类型与原因
——基于创业失败案例的分析

创业包括机会的识别和捕捉、资源的评估和获取、新组织的创建和对新业务的管理等一系列动态的复杂过程。[1]它有可能成功，也有可能失败。尽管创业成功有鲜花、掌声和丰厚的物质回报相伴，受到广泛的欢迎，但创业失败却是一种更普遍的现象。据报道，全世界大学生的平均创业成功率在10%左右，而我国大学生创业成功率仅有1%左右。[2]所谓创业失败，是指发生在任何创业阶段中的创业活动中止现象。[3]在这样的情况下，创业大学生没有实现自己的预期目标，但是这并不表示他/她没有任何收获，因为创业失败者可以从自己的失败经历中汲取教训，为以后的成功创业做好必要的准备。有研究表明，创业失败经历有助于提高创业者后续创业的成功概率。[4]即便创业失败大学生不再创业，他/她在创业过程中受到的锻炼和煎熬对其个人成长也弥足珍贵。

近年来，高校创业教育受到国家高度重视。2010年，教育部下发《关于大力推进高等学校创新创业教育和大学生自主创业工作的意见》（教办〔2010〕3号）文件，要求"在高等学校开展创新创业教育，积极鼓励高校学生自主创业""落实以创业带动就业，促进高校毕业生充分就业"；同年发布的《国家中长期教育改革和发展规划纲要（2010—2020年）》在"高等教

---

[1] 木志荣. 创业教育应重视学生创业胜任力的培养[N]. 中国教育报, 2010-7-26(2).
[2] 魏皓奋. 大学生创业，如何突破五大瓶颈[N]. 今日早报, 2011-11-17(4).
[3] 倪宁, 杨玉红, 蒋勤峰. 创业失败学习研究的若干基本问题[J]. 现代管理科学, 2009, (5): 114.
[4] Minniti, M. & Bygrave, W. A dynamic model of entrepreneurial learning [J] Entrepreneurship: Theory & Practice, 2001, 25(3): 5-16.

育"部分也指出,要"加强就业创业教育和就业指导服务"。2012年8月,教育部又印发《普通本科学校创业教育教学基本要求(试行)》,要求本科院校面向全体学生单独开设"创业基础"必修课。各地高校积极落实这些精神,纷纷开展创业教育。在此背景下讨论大学生创业失败问题,无异于给高校创业教育"泼冷水",但是它对于正确认识创业和创业教育、增强高校创业教育效果和提高大学生创业成功率却十分必要。鉴于此,本文基于创业失败案例对大学生创业失败的类型和原因进行了分析,希望对高校创业教育工作的开展有所裨益。

一、创业失败案例:有限的重要资料

创业成功可以给创业者带来丰厚的物质回报和快乐的情绪体验,也会给潜在的创业者以强烈的正面刺激,吸引他们加入创业者的行列,很多高校在创业教育中正是利用了这一点来激励学生,引导他们走上创业之路。虽然创业教育必须树立信心、鼓舞士气,但基于绝大多数人的创业过程免不了艰难困苦的现实考虑,创业教育无论如何不该有意无意地忘记失败的案例和艰难的过程。[1]

我们认为,创业失败案例对于创业大学生的重要价值体现在以下三个方面:

1. 创业失败案例是创业大学生的"醒脑剂"

在学校创业教育的激励下,在创业成功榜样的引导下,一些有创业意向的大学生可能就会跃跃欲试,不管自己是否适合创业,也不管自身创业条件是否齐备。在这样的情况下,创业失败案例可以对创业大学生起到醒脑的作用,让其能够正确认识自己,正确评估自身创业条件,作出科学的创业决定。

2. 创业失败案例是创业大学生的"导航仪"

在大学生创业的航程中有许多"暗礁",创业大学生如何才能有效地避

---

[1] 张国圣.创业教育不应"忘记"失败案例[N].光明日报,2009-5-26(6).

开它们,顺利到达目的地?自己探索是一种可能的选择,但这需要耗费大量时间,也存在较大的风险。而通过学习别人创业失败的案例,创业大学生则可以轻易地摸清创业"暗礁"的大致方位,从而在自己的创业航程中有意识地避开它们。

3. 创业失败案例是创业大学生的"强心针"

在创业过程中,特别是在首次创业的初期,创业大学生会遇到各种困难,稍有不慎,可能就会受到重创。如果事先对此没有清楚的认识,创业大学生可能就会心灰意冷,偃旗息鼓。反之,如果创业大学生事先学习了创业失败案例,就能够正确认识和积极应对自己遇到的困难,其心理承受能力就会大大提高,其创业成功的可能性也会大大提高。

虽然创业失败案例对创业大学生和高校创业教育具有重要价值,但是目前能够在网络和报刊上搜集到的大学生创业失败案例却十分有限,这反映出我们以往对大学生创业失败案例的认识和重视不足。多关注和剖析大学生创业失败案例,对于增强高校创业教育的效果、提高大学生创业成功率具有重要的意义,是我们今后应该努力去做好的一件事情。本研究的研究材料为24个大学生创业失败案例,这些案例通过网络、报刊等途径搜集而得,其中,在校大学生创业失败案例9个,大学毕业生创业失败案例15个,创业大学生为男性的案例有20个、为女性的有4个,创业项目涉及网络、教育培训、旅游、婚庆、餐饮、废品回收和零售等多个行业。

二、大学生创业失败的三种类型及其原因——基于24个创业失败案例的分析

"归因"是人们在探寻问题解决方案的过程中常用的一种方法。所谓归因(attribution)是指人们从可能导致行为发生的各种因素中,认定行为的原因并判断其性质的过程。[1]通过对24个创业失败案例的内容进行分析,我

---

[1] 全国13所高等院校《社会心理学》编写组. 社会心理学[M]. 3版. 天津:南开大学出版社,2003:145.

们认为这些大学生的创业失败可以归纳为步骤不全型、经验不足型和判断失误型三类，其中，步骤不全型失败占 45.8%，经验不足型失败占 25.0%，判断失误型失败占 29.2%。我们对导致这几类失败的原因进行了分析，整理出了导致各类大学生创业失败的表面原因，并进一步分析了深层次的原因。

（一）步骤不全型创业失败的原因

创业是一个复杂的系统工程，要想获得成功，必须遵循其基本规律。一般来说，创业大致包括以下四个步骤[①]：

第一步：蕴酿。创业者要考虑清楚一些基本的问题，如为何创业、是否适合创业、采用何种形式创业、已具备哪些条件、具体选择什么项目、还需要收集哪些信息等。

第二步：筹划。创业者要就自己所选择的项目进行分析，对销售、采购、盈利前景、所需流动资金、如何筹集启动资金等方面的问题都要考虑清楚，并在此基础上撰写一份项目可行性报告。

第三步：准备。创业者开始实际操作，如给公司起名、选择办公地点、签订租房合同、装修办公室、跟进货商和代理商谈合作、制订促销战略、聘用员工以及办理工商执照等手续。

第四步：开张营业。全面落实这些步骤，对一个创业项目的生存、发展十分重要。

从 24 个创业失败案例来看，创业失败大学生在创业时存在各种问题，创业步骤大多不够全面。导致大学生"步骤不全型"创业失败的表面原因有：创业所需能力和设备、场所等条件准备不足；缺法律知识；策划不充分，项目评估不充分，准备时间太仓促，团队缺少领导者；对创业的困难和风险认识不足；缺自我定位和市场调研；忽略了创业团队的组建；对所做的项目不熟悉；创业资金准备不足；选址工作未做好。在这些原因中，有一些是与大学生的年龄特征有关的，比如对创业的困难和风险认识不足、创业资金准备

[①] 谭一平. 大学生创业：可歌更可泣[J]. 中国大学生就业，2006，(7)：49.

不足，这些因素只是暂时性的，它们会随着创业者年龄的增大、阅历和财富的积累而得以改善。然而，另外一些原因，比如创业所需能力和设备、场所等条件准备不足，缺法律知识，策划不充分，项目评估不充分，准备时间太仓促，团队缺少领导者，缺自我定位和市场调研，忽略了创业团队的组建，对所做的项目不熟悉以及选址工作未做好等，创业大学生经过努力是应该可以做得更好一些的。

创业大学生们无疑都是希望获得创业成功的，为什么他们竟然如此"不努力"，连创业的基本步骤都没有弄全呢？我们认为，造成这种情况的原因可能有两种：第一，创业大学生求成心切，忽略了一些基本的创业步骤；第二，创业大学生对创业包括哪些步骤没有一个清楚的认识。其实这两个原因都可以归为另一个更深层次的原因，即高校创业教育工作做得不到位。也就是说，造成大学生步骤不全型创业失败的，尽管有一部分原因是创业大学生年轻、努力程度不够，但主要原因还在于高校创业教育工作做得不到位。高校创业教育应该让大学生们知道，创业有哪些基本步骤，每一个步骤需要做哪些事情、需要做到什么程度。高校创业教育还应该为在校大学生的创业进行把关，对于条件暂不具备的，不允许其创业。社会上的大学生创业管理部门也应该为申请帮助的大学毕业生的创业进行把关，对于条件暂不具备的，建议其不要开始创业。

（二）经验不足型创业失败的原因

经验不足是大学生在创业之路上必须逾越的一个"坎"。大学生创业项目是要在市场经济中生存、发展的，而具有竞争性本质特点的市场经济在运行中必然产生失败者，且又绝不保护弱者。[①]对于经验丰富的创业者来说，尽管他也要经受许多市场考验，也存在失败的可能，但是他可以跨越那些不高的障碍，降低很多失败的风险。

导致大学生"经验不足型"创业失败的表面原因有：不查看合作者的有

---

① 职业技术教育杂志社. 大路朝天——中国当代职校生创业实录[Z]. 长春：职业技术教育杂志社，2002：9-10.

效身份证明和相关资料,仅凭其一面之词就轻易相信;签协议时既没公章也不按手印;聘用员工时未依法办理有关手续;无成本意识;不知道如何经营和管理公司;对骗子不够警惕;受害后不知道如何维护自己的权益。在24个大学生创业失败案例中,"不知道如何经营和管理公司"这一导致大学生经验不足型创业失败的原因是初次创业学生难以避免的。这种原因属于外在的稳定的因素——任务难度太大,与此相关的素质在现有高校创业教育条件下难以养成,因此,更深层次的原因不应归于高校创业教育,而应归于企业、大学生创业管理等社会有关单位——它们在支持高校校内、外创业基地建设方面做得不够,没有为创业大学生此类素质的培养创造必要的条件。但是,导致大学生经验不足型创业失败的其他一些原因,如不查看合作者的有效身份证明和相关资料、仅凭其一面之词就轻易相信,签协议时既没加盖公章也不按手印,聘用员工时未依法办理有关手续,无成本意识,对骗子不够警惕,以及受害后不知道如何维护自己的权益等,都是经过创业大学生自己的努力可以避免的。当然,高校创业教育在这个过程中应该发挥一定的作用——高校创业教育应该让大学生们知道,创业过程中有哪些地方容易出现问题,有哪些问题需要特别注意,出现各种问题后该如何处理。所以,经验不足型创业失败的原因应归于创业大学生努力不够,以及没有从社会有关单位处和高校创业教育中得到应有的帮助。

(三)判断失误型创业失败的原因

一位大学毕业生根据他两年的创业经验指出:大学生创业成功与否并不仅仅取决于国家政策,还需要自身对于市场商机的准确判断和把握。[①]确实,大学生在创业过程中需要对自我、外物的特点以及自我和外物之间的关系作出准确判断,判断能力是关系到其创业成败的一种重要能力。在24个案例中,创业大学生们有办网站的,有开婚庆公司的,有开米粉小店的,还有回收废品的……不管是选择怎样的创业项目,无不需要创业大学生对自身素

---

① 佚名. 大学生创业,莫以成败论英雄[J]. 科技创业, 2009, (4): 70.

质、产品特点、顾客特征、经营管理策略等相关各个方面作出谨慎的判断，这些判断中的每一个都关系到大学生创业的成败，因为"一着不慎"就有可能"满盘皆输"。

导致大学生"判断失误型"创业失败的表面原因有：明显不适合创业，却坚信能创业成功；市场定位不准；经营品种缺乏特色；有自己的特色，但不符合市场的需要；产品存在问题，却认为是社交能力不足；先按较高标准制作产品，发现亏损后涨价；高估了顾客的消费能力，低估了商海中的风险。在这些原因中，"明显不适合创业，却坚信能创业成功"这一原因应该归于创业大学生认识能力不足——不知道自己不适合创业，这是一种内部因素。为了避免这种因素造成创业失败，大学生在决定创业之前，应通过自己分析或借助创业指导教师等专业人员的帮助，判断自己是否适合创业；高校创业教育机构和社会上的大学生创业管理部门在对大学生的创业进行把关时，不仅要看其外在创业条件是否具备，也要看其是否适合创业。其他原因，包括市场定位不准、经营品种缺乏特色、有自己的特色但不符合市场的需要、产品存在问题却认为是社交能力不足、"先按较高标准制作产品，发现亏损后涨价"和"高估了顾客的消费能力，低估了商海中的风险"等，都是经过提高高校创业教育质量和创业大学生努力程度可以改善甚至避免的。所以，判断失误型创业失败的原因应归于高校创业教育质量不高和创业大学生努力不够，还可以归于部分创业大学生不适合创业。

三、研究结论与建议

综上所述，我们认为，大学生创业失败存在步骤不全型、经验不足型和判断失误型三种类型，导致大学生创业失败的主要原因是创业大学生努力程度不够和高校创业教育工作质量不高，次要原因有企业、大学生创业管理部门等社会有关单位对高校创业教育支持不够和部分创业大学生不适合创业。

为了增强高校创业教育的效果、提高大学生创业成功率，我们建议：

（1）建立高校创业教育机构、社会有关单位和大学生三者共同参与、积极互动的大学生创业教育共同体。在这个共同体中，高校创业教育机构是主导力量，它应努力调动社会有关单位在大学生创业教育中发挥积极作用，尽力完善创业教育所需师资、设备、课程、实践基地、文化氛围、管理制度等有关条件，并充分调动大学生学习创业有关知识、技能和参与创业实践的积极性。

（2）高校创业教育机构对本校所有大学生开展"普及性创业教育"，并在此基础上为准备创业且适合创业的大学生提供有针对性的创业指导。高校创业教育机构首先应该对本校所有大学生开展"普及性创业教育"，使他们都具备一定的创业素质，以促使其全面发展。然后，对准备创业的大学生进行测试，挑选出适合创业的大学生，为他们配备专门的创业指导老师，对他们开展"针对性创业教育"，提高他们解决创业实践问题的能力，为其未来创业服务。对于准备创业但不适合创业的大学生，高校创业教育机构应对其进行耐心地劝导，并帮助他们选择真正适合自己的发展道路。

（本篇撰写于 2013 年）

参考文献

一、著作类

[1] 李宗尧，等. 高级技能人才培养[M]. 北京：中国劳动社会保障出版社，2001.

[2] 毕结礼. 高技能人才开发探索与实践[M]. 北京：企业管理出版社，2005.

[3] 邓泽民. 职业学校学生职业能力形成与教学模式研究[M]. 北京：高等教育出版社，2002.

[4] 黄强，张燕逸，武任恒. 职业技术教育心理学[M]. 天津：天津人民出版社，1991.

[5] 马启伟，张力为. 体育运动心理学[M]. 杭州：浙江教育出版社，1998.

[6] 陈琦，刘儒德. 当代教育心理学[M]. 北京：北京师范大学出版社，1997.

[7] 彭聃龄. 普通心理学[M]. 2版. 北京：北京师范大学出版社，2001.

[8] 邵瑞珍. 学与教的心理学[M]. 上海：华东师范大学出版社，1990.

[9] 叶弈乾，何存道，梁宁建. 普通心理学（修订版）[M]. 上海：华东师范大学出版社，1997.

[10] 莫雷. 教育心理学[M]. 广州：广东高等教育出版社，2005.

[11] 张积家. 普通心理学[M]. 广州：广东高等教育出版社，2004.

[12] 编写组. 社会心理学[M]. 3版. 天津：南开大学出版社，2003.

[13] 沈致，林蔗芝. 生理心理学[M]. 北京：北京大学出版社，1993.

[14] 卢荣远，等.职业心理与职业指导[M].北京：人民教育出版社，1996.

[15] 石伟平，徐国庆.职业教育课程开发技术[M].上海：上海教育出版社，2006.

[16] 黄克孝.职业和技术教育课程概论[M].上海：华东师范大学出版社，2000.

[17] [英]菲利浦·泰勒等.课程研究导论[M].王伟廉等译.北京：春秋出版社，1989.

[18] [美]奥恩斯坦，汉金斯.课程论：基础、原理和问题[M].5版.北京：中国人民大学出版社，2009.

[19] [德]葛洛曼等.国际视野下的职业教育师资培养[M].石伟平译.北京：外语教学与研究出版社，2011.

[20] 吴全全.职业教育双师型教师基本问题研究：基于跨界视域的诠释[M].北京：清华大学出版社，2011.

[21] 傅道春.教师的成长与发展[M].北京：教育科学出版社，2001.

[22] 于漪.现代教师学概论[M].上海：上海教育出版社，2001.

[23] 李蔺田.中国职业技术教育简史[M].北京：北京师范大学出版社，1994.

[24] 姜大源.职业教育学研究新论[M].北京：教育科学出版社，2007.

[25] 欧阳河，等.职业教育基本问题研究[M].北京：教育科学出版社，2006.

[26] 纪芝信.职业技术教育学[M].福州：福建教育出版社，1995.

[27] 李向东，卢双盈.职业教育学新编[M].北京：高等教育出版社，2005.

[28] 吴康宁.教育社会学[M].北京：人民教育出版社，1998.

[29] 胡德海.教育学原理[M].兰州：甘肃教育出版社，1998.

[30] 熊川武.学习策略论[M].南昌：江西教育出版社，1997.

[31] 刘晶波.师幼互动行为研究——我在幼儿园里看到了什么[M].南京：南京师范大学出版社，2003.

[32] 程凯. 当代中国教育思想史[M]. 开封：河南大学出版社，1999.

[33] 苏渭昌. 中国教育思想通史（第八卷）[M]. 长沙：湖南教育出版社，1994.

[34] 裴娣娜. 教育研究方法导论[M]. 合肥：安徽教育出版社，1995.

[35] 中国人民大学哲学系逻辑教研室. 逻辑学[M]. 北京：中国人民大学出版社，1996.

[36] 中国人民大学哲学系逻辑教研室. 逻辑学[M]. 北京：中国人民大学出版社，1996.

[37] 燕良轼. 创新素质教育论[M]. 广州：广东教育出版社，2002.

[38] 张建军. 创新的素质[M]. 合肥：中国科学技术大学出版社，2000.

[39] 彭刚. 创业教育学[M]. 南京：江苏教育出版社，1995.

[40] 李时春，常建坤，杨怡. 大学生创业与高等院校创业教育[M]. 北京：国防工业出版社，2004.

[41] 邓长青，等. 大学生就业指导[M]. 武汉：华中科技大学，2008.

[42] 陈孝彬. 教育管理学（修订版）[M]. 北京：北京师范大学出版社，1999.

[43] 冒荣，刘义恒. 高等学校管理学[M]. 南京：南京大学出版社，1997.

[44] 郑石桥，马新智. 管理制度设计理论与方法[M]. 北京：经济科学出版社，2004.

[45] 周三多，等. 管理学——原理与方法[M]. 上海：复旦大学出版社，1999.

[46] 宋维明. 管理学基础[M]. 北京：中国林业出版社，2006.

[47] 张文显. 法哲学基本范畴研究[M]. 北京：中国政法大学出版社，1993.

[48] 戴中祥，郑全新. 高等教育法规概论[M]. 武汉：湖北人民出版社，2006.

[49] [美]麦克尼尔. 新社会契约论——关于现代契约关系的探讨[M]. 雷喜宁，潘勤译. 北京：中国政法大学出版社，1994.

[50] 殷钺，王明哲. 模具钳工技术与实训[M]. 北京：机械工业出版社，2005.

[51] 韩斌. 展示设计学[M]. 哈尔滨：黑龙江美术出版社，1996.

二、学位论文类

[1] 宋志娇. 高职教师校本课程开发能力构建研究[D]. 天津：天津大学，2009.

[2] 应雅泳. 中职教师校本课程开发能力的培养研究[D]. 杭州：浙江工业大学，2008.

[3] 肖宜宁. 教学互动研究[D]. 武汉：华中师范大学，2005.

[4] 巨瑛梅. 终身教育的理论与实践：渊源、演变及现状[D]. 北京：北京师范大学，1999.

[5] 王彩华. 我国高校创业教育研究[D]. 上海：华东师范大学，2007.

[6] 逯光玄. 展示空间人流聚散问题的研究[D]. 太原：太原理工大学，2008.

[7] 胡珊珊. 展示空间室内界面的模糊化设计研究[D]. 成都：西南交通大学，2012.

[8] 狄野. 展示中的光空间设计[D]. 上海：上海戏剧学院，2007.

三、期刊论文类

[1] 林用三. 高技能人才培养是经济发展和民族振兴的重要基石[J]. 中国培训，2003（1）.

[2] 陈宇. 从就业市场中灰领群体的壮大看高技能人才的最新发展[J]. 中国职业技术教育，2004（10）.

[3] 高必道. 高技能人才急需培养[J]. 职业技术教育，1995（8）.

[4] 丁大建. 高技能人才的短缺与价值评价错位[J]. 中国高教研究，2004（5）.

[5] 本刊评论员. 解决高职教育定位问题拖不得了[J]. 中国高等教育，2004（2）.

［6］方名山．立足商业 办出高职特色 为上海提供高质量商业应用技能型人才[J]．华东经济管理，2000（1）．

［7］范文衷．宁波市高级技术学校"双高型"技能人才培养[J]．职业技术教育，2001（36）．

［8］王建强，杨欣鸿．培养高素质技能人才：技校的机遇[J]．中国培训，2001（1）．

［9］王步贵．21世纪的团队文化[J]．兰州学刊，1995（4）．

［10］陈宇．中国高技能人才开发[J]．中国培训，2005（3）．

［11］Keetch M K, Schmidt R A, Lee T D, et al. Especial Skills: Their Emergence with Massive Amounts of Practice [J]. Journal of Experiment Psychology, 2005, 31(5).

［12］Bilodeau E A & I M Bilodeau. MOTOR-SKILLS LEARNING [J]. Annual Review of Psychology, 1961(12).

［13］Cole, A L & J G Knowles. Shattered images: Understanding expectations and realities of field experience [J]. *Teaching and Teacher Education*, 1993, 9(5/6).

［14］Minniti, M. & Bygrave, W. A dynamic model of entrepreneurial learning [J]. Entrepreneurship: Theory & Practice, 2001, 25(3).

［15］斯人．有志遑论"领"蓝白[J]．中国劳动，2005（8）．

［16］翟向阳．论高职教育突出高技能人才培养的目标定位[J]．职教论坛，2005（16）．

［17］洪伟峻．试论我国高技能人才短缺的原因及对策[J]．湘潭师范学院学报（社会科学版），2005（2）．

［18］刘庆荣，陈丽兰．224名卫校学生的16PF测试报告[J]．中国心理卫生杂志，1996（Z1）．

［19］杨海军，凌文辁．关于中学生与成人人格因素的比较研究[J]．零陵学院学报，2002（3）．

［20］叶肇芳，李利．多元智力理论的职业教育学意义[J]．职业技术教育（教科版），2002（28）．

[21] 宋兴川，唐天红，何应林. 技能型人才人格特征研究[J]. 天津工程师范学院学报，2005（2）.

[22] 黄强，赵欣，李向东. 动觉监督早期介入对动作技能形成的影响[J]. 心理学探新，2003（1）.

[23] 王坦. 论合作学习的基本理念[J]. 教育研究，2002（2）.

[24] 王鉴. 合作学习的形式、实质与问题反思——关于合作学习的课堂志研究[J]. 课程·教材·教法，2004（8）.

[25] 宋兴川，张琪，张志华. 技能形成过程影响因素研究[J]. 职业技术教育（教科版），2005（22）.

[26] 林婷. 培养学生反思能力的教学实践[J]. 数学通报，2003（7）.

[27] 唐玉亭. 影响技能形成的因素及对策[J]. 职业技术教育，1998（5）.

[28] 苏坚贞，毛坚刚. 动作技能的三维分析[J]. 体育科技，2000（4）.

[29] 邹学云. 运动技能形成的心理分析[J]. 成都大学学报（自然科学版），1997（4）.

[30] 郑俊乾. 技能训练方法简介[J]. 中国职业技术教育，2005（15）.

[31] 邓立平. 关于运动技能形成的理论及学习程序[J]. 吉安师专学报（自然科学），1991（5）.

[32] 李少丹，冯炳辉. 影响运动技能形成的心理因素[J]. 渝州大学学报（自然科学版），2000（1）.

[33] 徐敏. 非智力心理品质与技能形成[J]. 中国职业技术教育，2004（35）.

[34] 张绪平，刘剑锋，张美娟，等. 论庄子寓言中的职业技术原理及其对高等职教的启示意义[J]. 文教资料，2006（20）.

[35] 肖川. 论当代教育思想的基本特征[J]. 全球教育展望，2006（8）.

[36] 杨金土. 职业教育兴衰与新旧教育思想更替——百年职业教育回顾[J]. 职教论坛，2004（4）.

[37] 黄日强，许惠清. 能力本位职业教育的特征[J]. 外国教育研究，2000（5）.

[38] 蒋莉. 职业教育主要思潮简述[J]. 成人教育, 2006（3）.

[39] 卢洁莹, 马庆发. 论职业教育观嬗变的哲学基础[J]. 教育发展研究, 2006（24）.

[40] 郑健壮, 陈晓川. 基于能力本位的高职教育实训基地建设研究[J]. 职业技术教育, 2007（16）.

[41] 徐涵. 工学结合概念内涵及其历史发展[J]. 职业技术教育, 2008（7）.

[42] 蒋莉. 职业教育主要思潮简述[J]. 成人教育, 2006（3）.

[43] 南海, 王星星. 国内职业教育终身化思潮及实践发展研究[J]. 中国职业技术教育, 2011（21）.

[44] 刘诗能. "终身职业教育"拷问[J]. 教育与职业, 2008（5）.

[45] 汤广全. "终身职业教育"刍议[J]. 成人教育, 2009（5）.

[46] 周明星, 孟庆国. 中外职业教育工学结合模式的比较与借鉴[J]. 职业技术教育, 2008（4）.

[47] 耿洁. 我国职业教育工学结合模式的历史发展和实践[J]. 职教通讯, 2007（3）.

[48] 陈波涌. 半工半读职业教育思潮（上）[J]. 职教论坛, 2004（28）.

[49] 聂劲松, 白鸿辉. 半工半读教育制度的合理内核与改革实施[J]. 职教通讯, 2006（5）.

[50] 耿洁. 工学结合及相关概念浅析[J]. 中国职业技术教育, 2006（35）.

[51] 涂俊礼. 关于人的全面发展理论渊源的思考[J]. 教育探索, 2006（2）.

[52] 陈宏毅. 实用主义教育与"生活教育"——杜威与陶行知教育理论之比较[J]. 求索, 2003（4）.

[53] 王飞. 张謇、黄炎培与陶行知对"教学做合一"模式的开拓[J]. 中国成人教育, 2008（1）.

[54] 王华柯. 半工半读教育及其当代意蕴探寻[J]. 西北成人教育学报, 2003（4）.

[55] 聂建武. 高职院校推行半工半读自力求学的研究与实践[J]. 教育与职业, 2006（2）.

[56] 扬州市天海职业技术学校. 半工半读是职教扶贫的有效途径[J]. 中国职业技术教育, 2005（30）.

[57] 张俊杰. 建议为处境不利的青少年举办半工半读学校[J]. 中国职业技术教育, 2001（9）.

[58] 刘丽娜. 工学结合半工半读实现职业教育改革和发展新突破[J]. 职业技术, 2006（4）.

[59] 岳欣云. 师生互动：从形式走向实质[J]. 当代教育科学, 2004（14）.

[60] 吴遵民. 终身学习概念产生的历史条件及其发展过程[J]. 教育评论, 2004（1）.

[61] 程锦山. 终身学习与职业人生[J]. 中国职业技术教育, 2004（8）.

[62] 黄克孝, 石伟平, 郭扬, 等. 构建21世纪的职业技术教育体系[J]. 中国职业技术教育, 2004（2）.

[63] 洪伟峻. 试论我国高技能人才短缺的原因及对策[J]. 湘潭师范学院学报（社会科学版）, 2005（2）.

[64] 杨河清, 吴江. 高技能人才培养之不足及对策[J]. 中国培训, 2005（2）.

[65] 齐仲锋, 苏列英. 我国高级技能人才稀缺的原因及对策建议[J]. 人才资源开发, 2005（1）.

[66] 向守源. 加快高技能人才培养 为建设具有国际竞争力的跨国企业集团提供技能人才保障[J]. 石油教育, 2004（1）.

[67] 丁大建. 高技能人才的短缺与价值评价错位[J]. 中国高教研究, 2004（5）.

[68] 于清笈, 刘德胜. 借鉴欧洲企业高技能人才培养经验 提高我国人才队伍素质[J]. 中国机电工业, 2004（6）.

[69] 单永贵. "中国制造"走向"中国创造"之策[J]. 决策探索, 2005（6）.

[70] 卢双盈. 职业教育"双师型"教师解析及其师资队伍建设[J]. 职业技术教育（教科版）, 2002（10）.

[71] 李海燕. 教师教育一体化内涵重析[J]. 高教研究与实践, 2007（2）.

[72] 黄斌. 深度解读高职院校"双师型"教师内涵[J]. 教育与职业, 2006（11）.

[73] 黄斌,毛青松."双师型"教师资格标准体系初探[J].教育与职业,2006(30).

[74] 祝士明,张元.双师度——高职师资队伍建设的有效途径[J].职教论坛,2007(11).

[75] 余群英.高职"双师型"教师资格认定探析[J].教育发展研究,2002(9).

[76] 蒋作斌.对职业教育特色问题的认识[J].职教论坛,2003(1).

[77] 韩清林.21世纪初中国教师教育的基本走向及对策建议——第二篇:全面推进教师专业化建设[J].河南师范大学学报(教科版),2003(4).

[78] 段艳霞.唤起自我发展意识,促进教师专业发展——论教师寻求自我专业发展的途径[J].师资培训研究,2003(4).

[79] 王玉苗,孙志河,柳靖.职业教育教师专业化发展的探讨[J].职教论坛,2005(13).

[80] 连榕.新手—熟手—专家型教师心理特征的比较[J].心理学报,2004(1).

[81] 付雪凌,石伟平.美、澳、欧盟职业教育教师专业能力标准比较研究[J].比较教育研究,2010(12).

[82] 花明.基于课改背景下教师课程开发能力的提升[J].职教论坛,2011(20).

[83] 袁丽英.教师课程开发能力培养:知行思交融原理与应用[J].中国职业技术教育,2010(8).

[84] 汪霞.课程开发:含义、性质和层次[J].教育探索,2003(5).

[85] 李霄鹏,吴忠魁.德国职业教育师资专业化发展[J].比较教育研究,2011(1).

[86] 郑秀英,周志刚."双师型"教师:职教教师专业化的发展目标[J].中国职业技术教育,2010(27).

[87] 袁丽英.教师课程开发能力培养:知行思交融原理与应用[J].中国职业技术教育,2010(8).

[88] 李术蕊. 规划职业教育师资队伍建设 部署职业院校教师素质提高计划——全国职业教育师资工作会议在南宁召开[J]. 中国职业技术教育, 2012 (4).

[89] 余雅风. 论教师聘任合同的公法规范与控制[J]. 教育发展研究, 2008 (22).

[90] 陈军芬. 高校教师聘任合同的法律内涵辨析[J]. 理论界, 2008 (9).

[91] 林雪卿. 浅谈教师聘任合同的订立、解除与终止[J]. 学前教育研究, 2006 (11).

[92] 葛芳, 雷亮. 稳定人才的关键——心理契约[J]. 经济问题探索, 2005 (2).

[93] 牛皖闽. 基于心理契约的高校教师管理[J]. 黑龙江高教研究, 2007 (7).

[94] 陈旭, 朱宝善. 高校师资管理中的心理契约[J]. 深圳大学学报（人文社会科学版）, 2008 (2).

[95] 石若坤. 心理契约: 高校人力资源管理中不容忽视的方面[J]. 辽宁教育研究, 2007 (1).

[96] 行水. 职业院校实训基地建设: 急迫任务下的关键环节[J]. 职业技术教育, 2005 (21).

[97] 郭家星, 屈有安. 高职校内实训基地建设实践[J]. 中国职业技术教育, 2006 (33).

[98] 李坚利. 高职教育实训基地建设的探索与实践[J]. 职业技术教育（教科版）, 2003 (22).

[99] 陈炳和. 以四个合一 六个结合新理念 构建高职化工实训基地建设模式[J]. 中国职业技术教育, 2006 (30).

[100] 朱伟萍, 肖毅. 高职实训基地建设的功能拓展与模式创新[J]. 高等技术教育研究, 2003 (2).

[101] 柳遂文. 高等职业教育的类别特征[J]. 中国高教研究, 2007 (4).

[102] 黄立志. 高职高专实践教学体系与基地建设的目标与原则[J]. 职业技术教育（教科版）, 2004 (13).

[103] 邱川弘. 建设实训基地的要素与实现[J]. 实验技术与管理, 2004（6）.

[104] 冯旭敏, 温平则. 教育实训基地建设基本模式的构建[J]. 机械职业教育, 2005（2）.

[105] 李黎明. 论高职院校生产性实训基地建设[J]. 山东省青年管理干部学院学报, 2007（5）.

[106] 姜大源. 高等职业教育的定位[J]. 武汉职业技术学院学报, 2008（2）.

[107] 查吉德. 高职姓"高"还是姓"职"辨析[J]. 广东技术师范学院学报（职业教育）, 2009（2）.

[108] 丁金昌, 童卫军. 校内生产性实训基地建设的探索[J]. 中国高教研究, 2008（2）.

[109] 张翠英. 解决实训基地建设与发展投入不足的"瓶颈"问题[J]. 中国职业技术教育, 2006（12）.

[110] 刘勇. 论结构型"双师"教师团队建设[J]. 中国职业技术教育, 2007（29）.

[111] 彭汉庆. 对影响高职实践性教学若干问题的思考[J]. 湖北职业技术学院学报, 2004（1）.

[112] 刘志辉. 创新是发展的永恒主题[J]. 党史博采（理论）, 2008（9）.

[113] 贺星岳. 产学结合建设校内生产性实训基地[J]. 中国高等教育, 2008（20）.

[114] 周永忠, 谢陈跃. 展室展品的防盗监控[J]. 电气时代, 2001（2）.

[115] 金胜. 展示设计中的空间要素[J]. 鸡西大学学报, 2009（5）.

[116] 阎晓华, 朱江. 室内展示设计中空间与陈列的探讨[J]. 山西农业大学学报（社会科学版）, 2007（4）.

[117] 王召鹏, 徐通泉. 高职院校实训基地内涵建设的探索[J]. 实验技术与管理, 2010（8）.

[118] 吴弋旻, 张雪娟. 校内生产性实训基地的探索与研究[J]. 实验技术与管理, 2010（4）.

[119] 付永生, 阎卫东. 高等职业院校校内生产性实训基地价值链构建[J]. 现代教育管理, 2014（9）.

[120] 翟海魂. 职业教育基础能力建设[J]. 中国职业技术教育, 2010（6）.

[121] 王喆, 王晓典, 秦友德. 培养高技能创业型人才为区域经济建设服务[J]. 教育与职业, 2007（20）.

[122] 刘素婷. 浅谈大学生创业教育的内容[J]. 职业技术, 2009（12）.

[123] 胡明宝, 等. 高职高专创业教育的内容与教育模式[J]. 湖北社会科学, 2006（1）.

[124] 楼洪昌, 竺辉. 重塑职校文化, 培养创业型人才[J]. 中国农村教育, 2003（8）.

[125] 路瑞峰. 校园文化对大学生创业的影响探析[J]. 中国成人教育, 2008（16）.

[126] 王霞, 侯怀银. 大学生创业教育的多学科透视[J]. 中国高等教育, 2009（Z2）.

[127] 周湘浙, 谢志远. 试论大学生创业意识的培养[J]. 中国高等教育, 2006（10）.

[128] 周秋江. 试论新时期大学生创业意识的养成[J]. 国家教育行政学院学报, 2009（3）.

[129] 唐靖, 姜彦福. 创业能力概念的理论构建及实证检验[J]. 科学学与科学技术管理, 2008（8）.

[130] 肖贻杰, 关云飞. 高职学生创业能力结构及其培养现状分析[J]. 教育与职业, 2011（33）.

[131] 买忆媛, 甘智龙. 我国典型地区创业环境对创业机会与创业能力实现的影响——基于GEM数据的实证研究[J]. 管理学报, 2008（2）.

[132] 贾少华. 大学生创业能力的获得——对浙江义乌创业者创业实践调查的启示和思考[J]. 中国高教研究, 2008（7）.

[133] 林毓锜. 学生学习素质论——一个有待重视、探讨与利用的范畴[J]. 高等教育研究, 2011（9）.

[134] 刘强,李金星.基于大学生创业知识培育的学科课程体系研究[J].继续教育研究,2010(9).

[135] 辜胜阻,洪群联.对大学生以创业带动就业的思考[J].教育研究,2010(5).

[136] 倪宁,杨玉红,蒋勤峰.创业失败学习研究的若干基本问题[J].现代管理科学,2009(5).

[137] 谭一平.大学生创业:可歌更可泣[J].中国大学生就业,2006(7).

[138] 佚名.大学生创业,莫以成败论英雄[J].科技创业,2009(4).

[139] 潘嵩,时小燕.创业意识的培养是构建高校创业教育运行机制的必要前提[J].前沿,2006(10).

[140] 晓尧.石伟平:做"顶天立地"的知识分子[J].职业技术教育,2005(18).

四、其 他

[1] 木志荣.中国大学生创业研究[R].厦门大学博士后研究工作报告,2006.

[2] 辞海编辑委员会.辞海[Z].上海:上海辞书出版社,1979.

[3] 夏征农,陈至立.辞海(彩图本)[Z].上海:6版.上海辞书出版社,2009.

[4] 顾明远.教育大词典[Z].上海:上海教育出版社,1990.

[5] 章人英.社会学词典[Z].上海:上海辞书出版社,1992.

[6] 职业技术教育杂志社.大路朝天——中国当代职校生创业实录[Z].长春:职业技术教育杂志社,2002.

[7] Majill R. Augmented feedback in skill acquisition [C]. In: Singer R N, eds. Handbook of Research on Sport Psychology. New York: Macmillan press, 1993.

[8] 邢晖.多角度解析"工学结合、半工半读"[N].中国教育报,2006-11-15.

[9] 时晓玲,朱振岳. 教育部召开全国高等职业教育改革与发展工作会[N]. 中国教育报,2010-9-15.

[10] 潘光. 我国职业教育创业型人才培养已是迫在眉睫[N]. 中国教育报,2007-3-20.

[11] 陈丹,何应林. 技能的"终身学习"途径[N]. 中国教育报,2008-11-20.

[12] 木志荣. 创业教育应重视学生创业胜任力的培养[N]. 中国教育报,2010-7-26.

[13] 胡锦涛. 坚持走中国特色自主创新道路 为建设创新型国家而努力奋斗——在全国科学技术大会上的讲话[N]. 人民日报,2006-1-10.

[14] 张国圣. 创业教育不应"忘记"失败案例[N]. 光明日报,2009-5-26.

[15] 陈璇. 创业教育仍是教育部工作重点[N]. 中国青年报,2012-4-9.

[16] 孙德龙. 邓中翰:中国制造+中国创新=中国创造[N]. 中国青年报,2006-2-7.

[17] 熊丙奇. 大学生创业成功率低 原因岂止创业教育薄弱[N]. 科学时报,2010-5-25.

[18] 魏皓奋. 大学生创业,如何突破五大瓶颈[N]. 今日早报,2011-11-17.

[19] 佚名. 实用型人才受宠 技校生成了"香饽饽"[N]. 河北日报,2005-1-11.

[20] 杨兴文. 黑龙江商务技术学院资深专家熊墨翔倡议——农民工培训要走半工半读之路[N]. 哈尔滨日报,2006-3-13.

[21] 谈松华. 民办职业教育中长期改革和发展的若干问题[Z]. 中国改革开放30周年与民办职业教育发展高峰论坛主题报告PPT,2008年11月.

[22] 天津轻工职业技术学院. 关于"双师"素质教师的认定及相关待遇的规定[Z]. 2008.

[23] 中华人民共和国教育部. 关于全面提高高等职业教育教学质量的若干意见[Z]. 教高〔2006〕16号, 2006-11-16.

[24] 中华人民共和国教育部. 教育部关于大力推进高等学校创新创业教育和大学生自主创业工作的意见[Z]. 教办〔2010〕3号, 2010-5-4.

后　记

　　我从 2004 年开始接触技能人才培养问题，最初是跟着导师宋兴川博士做技能人才人格研究，宋老师中途离开后，我自己摸索着开始做技能人才培养影响因素研究，并完成了题为《机械类高技能人才操作技能形成影响因素研究》的硕士学位论文，该论文得到了论文评审专家和答辩专家的较好评价。在此期间，我通过《石伟平：做"顶天立地"的知识分子》一文①了解到，华东师范大学石伟平老师在硕士研究生期间发表论文 22 篇，"几乎所有的作业都被公开出版了"。作为一个从理工科专业（我本科期间主修工科的轮机工程专业、辅修理科的心理学专业）跨专业进入文科专业（职业技术教育学专业）的新人，对于职教大咖石老师读研期间的成绩，虽然十分羡慕，但从未想过自己要取得这样的成绩。不过，这件事还是在我心中荡起了一些涟漪。我平日抓紧一切时间学习、研究，积极向老师、同学们请教，认真对待每一篇论文。结果两年半下来，我在论文发表数量上竟然赶上了石老师，而且，我于研二上学期撰写的论文《高技能人才概念研究》，在《职教论坛》2006 年第 1 期发表后，被引情况还不错（当时的引用次数已记不清楚了；截至 2017 年 10 月 26 日，该文总被引 98 次）。尽管我知道自己成果的水平与石老师那个阶段尚存在很大的差距，但这个结果给了我不小的鼓励。

　　2007 年 4 月，我硕士毕业后进入天津一所高职学院工作。本来应聘的是科研处的岗位，由于被院长看中，结果去了院长办公室。在这里，我的主要工作有两项：一项是根据领导安排写材料。这项工作既要写领导讲话稿，也要写一些与职业教育、技能人才培养相关的材料，包括高职示范校申报材料、实训基地建设材料等。后者与我所学专业和研究兴趣是"对口"的，我

---

① 晓尧. 石伟平：做"顶天立地"的知识分子[J]. 职业技术教育，2005,(18)：48-51.

往往把自己对高等职业教育和技能人才培养的最新认识融入这些材料里。工作之余，我还对其中部分问题作了进一步研究，形成了数篇论文，发表在《中国教育报》《中国职业技术教育》《职教论坛》等报刊上。另一项是负责学校的宣传报道工作。这项工作包括修改学校各部门通讯员宣传稿、采写部分宣传稿、向上级单位报送宣传稿、向媒体（包括报纸、电视台、网络等）报送宣传稿等。我学生期间多次担任宣传委员，还曾在武汉理工大学《星帆》文学社和天津工程师范学院（天津职业技术师范大学前身）《工程师院动态》做过编辑，所以这项工作做起来驾轻就熟。两年左右时间，我在《天津日报》《今晚报》《天津教育报》等报纸发表宣传文章10余篇，还有几篇稿件被天津电视台采用。从职业生涯发展角度来看，在这所学校工作的两年多时间几乎虚度——没有评上职称（认定的"研究实习员"由于没有证书，后面的单位不认可），连工龄也不被认可（该单位没有就业合同，没有事业单位工作人员年度考核记录，浙江的高职院校不认可）。不过，我抓住陪同来访客人参观校内生产性实训基地、参与高职示范校申报材料等材料的撰写、参与全国职业院校技能竞赛宣传报道等一切机会，了解高等职业教育办学和技能人才培养有关情况，为技能人才培养研究积累了不少感性认识和资料。

2009年7月，为了爱情，我放弃天津的公办高职学院的工作，去了女友就职的武汉某民办本科学院。在这所学校工作的两年时间里，我先后在校办、高职筹建办、新农村建设研究所、化环系、宣传部等部门做过秘书、研究人员、兼职任课教师、兼职班主任和宣传干事。由于不能评职称，而且没有安全感和归属感，结果向来神经绷得很紧的我一下子放松下来，过了一段"得过且过"的生活。闲得无聊的时候，我给《中国教育报》投稿，并开始准备考博，结果竟然发表了20多个小"豆腐块"（长的一千余字，短的三五百字），并成功考取南京师范大学职业技术教育学专业的公费博士研究生。这所民办本科学院前身是民办高职学院，而且我曾在其高职筹建办（武汉**职业学院筹备领导小组办公室）任秘书，在新农村建设研究所期间也主要从事职业教育相关研究，所以在这所学校工作期间，我的技能人才培养学习和研究工作并未中断，一方面继续积累感性认识和资料，另一方面从民办职业教育的角度开展研究。

2011年9月，我只身奔赴南京师范大学，再次接受系统的学术训练。在这里，吴康宁、顾建军、张乐天、杨启亮、冯建军、王小锡和曹孟勤等教授的精彩授课，石伟平、朱德全、肖凤翔、庄西真、顾雪英、张楚廷、丁钢、刘海峰、扈中平、李如密等教授的精彩报告或点评，锻炼了我的思维，开阔了我的视野，完善了我的知识结构，为我的学习、研究以及此后的学术发展打下了很好的基础；导师顾建军老师言传身教、严格要求，使我的人格与学术能力不断得到完善。读博期间，我主持完成了1项湖北省教育厅人文社会科学研究项目（读博前获批的）和1项江苏省普通高校研究生科研创新计划项目，参与完成了1项教育部委托项目和1项国家社科基金教育学一般项目，在《河北师范大学学报（教育科学版）》《当代教育科学》《上海教育科研》《实验技术与管理》《中国职业技术教育》和《职教论坛》等刊物发表论文10余篇。在此期间，我的小论文主要对技能人才培养中的课程建设与创业教育等问题进行了研究，学位论文《高职院校技能人才有效培养研究》则对技能人才培养中的人才培养目标确立及修订、学生需求及其满足、校企合作等问题进行了研究。

2014年8月，我携家人赴金华职业技术学院就职。在这里，我的岗位是职教研究中心的专职研究岗。3年来，我做过内部刊物《高职研究动态》的编辑，做过职教研究中心图书室兼职管理员，主持研究省级项目1项，作为主要参与者完成教育部委托项目2项、浙江省教育厅委托项目1项，在博士学位论文基础上修改完成的著作《高职院校技能人才有效培养研究》正式出版（西安电子科技大学出版社，2016），作为主要参与者完成的《浙江省高职教育发展报告（2006—2015）》正式出版（浙江大学出版社，2016），作为主要参与者完成的材料得到国家领导人批示。在此期间，我赴台湾的树德科技大学、高雄应用科技大学和圣约翰科技大学进行了为期3个月的访问学习（每所学校1个月），结合对3所学校相关部门负责人进行的访谈和相关文献资料，我对台湾高等技职教育人才培养现状与特点有了一个基本的认识，也对技能人才培养问题有了新的认识。另外，由于参与委托项目等研究工作，我有机会接触到一些职教大咖，对职业教育政策有了新的认识。此外，我于 2016 年 5 月进入浙江师范大学教育学博士后流动站，跟随教育部长江学者特聘教授眭依凡老师进行高等职业教育研究。尽管由于种种原因，未能像读博期间那样静心、深入地开展学习与研究，但与眭老师的多次深入交流和经常性的网络互动，让我对自己的学术发展、对技能人才培养问题研究有了许多新的思考。

以上，是我读研以来的主要经历，也是我学习、研究技能人才培养的主要经历。本书收录的成果，就是我在此过程中积累下来的成果（并非全部；部分实际上主要由合作研究者完成的成果未收入，另有部分收入了我的另一本书《高职院校技能人才有效培养研究》）。本书的形成与出版，得到了学习、工作过程中遇到的老师、同学、领导、同事们的关心与帮助，得到了浙江省哲学社会科学重点研究基地"现代职业教育研究中心"省社科规划项目经费、金华职业技术学院专著出版基金、金华职业技术学院师资引进和培养经费以及浙江师范大学博士后科研启动费的支持，在此一并表示衷心的感谢！特别地，我要感谢宋兴川、陈丹、古光甫、王宏俊、韩国泰、向立中和唐天红等老师和同学，他们为本书部分成果的形成提供了指导或资料等帮助！我还要感谢《职教论坛》《中国职业技术教育》《职业技术教育》《职业教育研究》《世界职业技术教育》《河南职业技术师范学院学报（职业教育版）》《中国培训》《十堰职业技术学院学报》《广州番禺职业技术学院学报》《当代教育科学》《实验技术与管理》《中国教育报》和《天津教育报》等报刊，它们曾为本书相关成果提供了展示和接受检验的平台！

本书相关成果时间跨度达十余年，不同时期认识可能有所不同，形成于硕士研究生阶段早期的部分成果的观点可能还比较稚嫩，虽然我希望保留其初始样态，但也进行了必要的修改。当然，由于水平和时间的限制，仍然可能存在一些问题，敬请读者朋友们批评指正！

何应林
2017 年 10 月
于浙江省现代职业教育研究中心